# ゆっくり山歩き

小坂妙子

女人随筆社

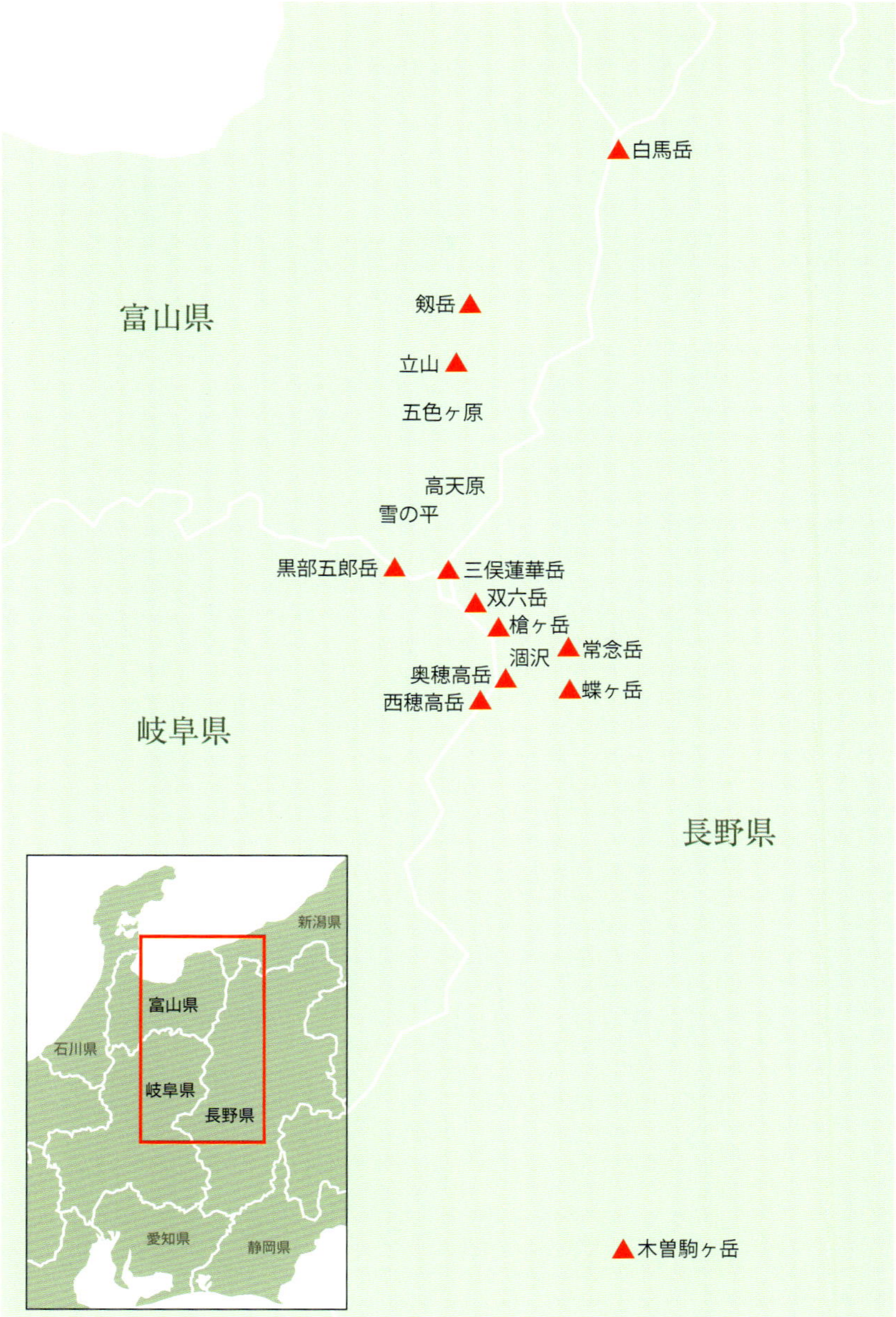

白馬岳
富山県
剱岳
立山
五色ヶ原
高天原
雪の平
黒部五郎岳
三俣蓮華岳
双六岳
槍ヶ岳
常念岳
涸沢
奥穂高岳
蝶ヶ岳
西穂高岳
岐阜県
長野県
新潟県
富山県
石川県
岐阜県
長野県
愛知県
静岡県
木曽駒ヶ岳

礼文岳
利尻岳
大雪山
北海道

大山
鳥取県
島根県
兵庫県
岡山県
広島県

西穂山頂

コマクサ

チングルマ

槍ヶ岳

白馬岳

白馬雪渓

黒部五郎岳頂上で

鏡平

アイルランド（キャッスルバー）の子どもたちに迎えられて

ベルギーの子どもたちと

オランダ（日蘭友好の碑前で）

オランダ（沿道の人に迎えられて）

イギリスの道

ベルクールさん（右端）と共にウィーンの森に向う

ウィーンの森を歩く

# ゆっくり山歩き　序文

# ともに登り、ともに歩いた二人の記録

井久保　伊登子

妙子さんは、一九五六（昭和三一）年春に大学を卒業して、倉敷市の県立天城高等学校の保健体育の教師に赴任されました。この学校には、八歳年上で数学担当の先輩教師、小坂東三先生がいられました。もの静かで生徒たちの信望が篤いこの人は、休暇になると同僚と北海道や日本アルプスでの登山を楽しむという自在な独身生活を過しておいででした。

八人姉弟の長女として育ち、心やさしい優等生で運動万能、均整のとれた活発な体で物言いが愛らしい妙子さんは二〇歳。この新任女教師は、たちまち東三先生の心をとらえてしまいました。先生のたってのご所望で、二人は結婚されて、翌年には長女のみどりさんが誕生されます。ご実家はお二人とも岡山市でしたが、倉敷市で共働きを続けられました。

一九六一年、東三先生の父上ご逝去後の母上と同居されるために、岡山市西川原にお家を新築して、転居されます。妙子さんは岡山市の学校に転勤されましたが、東三先生は相変わらず倉敷勤務でした。その間に次女のまゆみさんを出産されて、妙子さんは二児の母となられます。一九六六年に東三先生が岡山市のご自宅に近い県立操山高校に転勤されるまで、彼女のご苦労がつづきました。さらにお義母さんの脳卒中の発症で、情熱を注いできた教職を四一歳にして退職されます。やがてお義母様のご病気は快方に向かわれて、妙子さんは地域の愛育委員の仕事を引き受けられました。

一九八二（昭和五七）年の夏、夫君の提案で、ご夫妻は五泊六日の北海道旅行に出かけられました。小坂家の人となって四半世紀、妙子さんは四六歳でした。教職を離れて、家族のために骨身を惜しまなかった彼女へのご家族の感謝と労いだったと思われます。一人は教職に就き、一人は大学生、立派に成長されたお嬢さんたちはお祖母様のお世話を引き受けられました。

この旅の日程には大雪山登山の計画が加えられていました。妙子さんは、敗戦直後の小学校五年生だった時、登山家の父上に導かれて、妹さんと大山登山をされました。その後も中学校からこの山に登られましたが、登山に関心を持つことがなかった由です。

でも運動機能に優れた彼女は、夫君の適切なご指導のもとで、希望通り大雪山系の山々の頂上を極められました。以来、北アルプス登山がご夫妻の毎夏恒例の行事となります。次はどの山を、と語り合うことが日常の楽しい話題となりました。妙子さんは高山植物の可憐な花たちに惹きつけられていきます。

物が溢れ便利を追う日常を離れた山上では、山小屋だけを頼りとして、寝所も水の使用量もそちらの指示に従わなければなりません。その上で、無防備な体を地球の大気にさらして地上の斜面を登り詰めていくのが登山です。危険な風雨に見舞われたことも、熊に出くわしたことさえありました。助け合ってその困難を乗り越えていく喜びは、現代を生きる私たちが失った大自然にじかに触れる充実感であろうと思われます。羨ましいかぎりです。

一九八七年、その豊かなお二人の歳月に思わぬ災厄が立ちはだかりました。東三先生の肺に異常が発見されて、片肺の部分切除手術が施されました。妙子さんは、夫君を援けるために車の運転免許を取得されました。恒例の登山ももはやこれまで、と思われました。ところが、早期発見の医療と、退院後の東三先生ご自身の戸外での散歩という歩行訓練のおかげで、日常生活が回復して、翌年の夏にはお二人の白馬山登山が敢行されます。初心者の妙子さんのためだった「ゆっくり山歩き」は、病後の先生のための「ゆっくり」となりました。登山する場所も、次第に近場や緩やかな山になります。

代りに加わったのはウォーキング・イベントへの参加でした。近年、歩け歩け運動が盛んになり、イベントとしてのツーデーやスリーデー・マーチが欧米でも国内でも催されています。山の大自然のきびしさに代って、ウォーキング仲間との交流が生まれました。ご夫妻は、国内と欧米各国の数多くのマーチに参加されました。大自然の中で大地を踏みしめるお二人の旅は、大勢の人々との旅に変りましたが、共有された経験はさらに豊かに重ねられます。

こうして約二〇年間、最も望ましい中高年の生き方を共になさったご夫妻でしたが、東三先生はふたたび体調を崩されていきます。二〇〇五年からは運動障害の難病で車椅子の人となられます。妙子さんはその傍らにぴったりと寄り添って、お世話されました。夫君のご希望で、入院医療を自宅介護に切り替えられました。外出ままならぬお心を癒すために、総ガラス張りで眺望のいいリビングルームがあるマンション五階に居を移されました。ご苦労の多い五年間の介護については、むしろ楽しげに語られていました。ここに記録された山や国内外での出来事も話題として心豊かな会話が展開したことでしょう。お二人の登山でのお写真も飾られていました。

それだけに先生ご逝去の二〇一〇年二月二八日以後の妙子さんの哀しみは深く、お話を伺って心が痛みました。同人誌『女人随筆』にも、数多くの夫君との追憶を書かれました。

この一冊は、すばらしいご夫妻の記念誌であり亡き方への何よりもの供養と存じます。

本当に書かれてよかった。あらためて、ご上梓、おめでとうございます。

二〇一五年三月六日

# ゆっくり山歩き　目次

## Ⅱ　ウォーキング



## 資　料

# I　ゆっくり山歩き

# 大雪山（旭岳・黒岳）

夫と二人で歩いた初めての山――それは旅の途中訪れた大雪山だった。一九八二年夏のことである。

同居している姑《はは》が軽い脳梗塞に倒れて、わたしは、勤務していた小学校を退職して六年が過ぎていた。姑の病状も徐々に快方に向かい安定していた。外に出ることもなくなったわたしに、夫は突然、旅に出ようと提案したのだった。

大学を出て地元の中学校の英語の教師をしている長女と、大学三年生の次女も賛成してくれた。夏休み、娘たちに留守を託して、北海道への旅に出ることになった。

札幌や阿寒湖、釧路湿原などの観光地だけでなく、もともと山の好きな夫は、大雪山にも登りたいと、欲張った計画をたてたのだった。

登山用のシャツとズボンに靴などを入れると、旅行鞄の中身は相当の量になった。

重い鞄を提げて札幌観光を終え、三日目の夕刻、旭岳の麓の旭岳温泉の夷松荘に着いた。今日のように翌日配達（北海道は翌々日）などという宅配便はまだなかった時代である。

大雪山というのは、北海道の中心部に聳えるいくつもの峰々の総称である。古い五万分の一の地図によると「ヌタクカムシュッペ」とあり、アイヌ語で「川がめぐる上の山」という意味だそうだ。北海道地図を広げると、日本海に流れ出している石狩川、太平洋に流れ出している十勝川の二大河川の源はどちらも大雪山であることがわかる。なんと当を得たアイヌ語であろう。

その大雪山の西端に聳えるのが、北海道最高峰、二二九〇メートルの旭岳である。

七月二八日、昨日までの曇り空が嘘のように晴れ渡り、旭岳の山容が朝の光に輝いている。

旭岳温泉駅からロープウェーで二〇分、標高一六〇〇メートルの姿見駅に降り立つと、正面に白い噴煙をあげる地獄谷と赤茶けた旭岳があった。

なだらかな遊歩道を標識に導かれて姿見の池に向かう。周りは高山植物に覆われている。山の先輩である夫に「この花はなに」「これは」と、花の名前を訊きながら、初めて出会う大雪の花々に見惚れ、なかなか前に進めない。釣鐘を集めたような黄緑色のアオノツガザクラ、同じような姿をしているのに赤い方はエゾノツガザクだという。ツツジに似たキバナシャクナゲ。「知らん」「分からん」というのもたくさんあった。

「キッ、キキッ」甲高い声の主はナキウサギ。耳が短くて、ハムスターほどの大きさだ。岩穴からちょろちょろと駆け出し、つぶらな目で、辺りの様子を窺っている。仲間を呼んでいるのか、縄張りに入り込んだ人間を警戒しているのか。しかし大丈夫だと分かると、岩を駈け降り、小さな口を忙しく動かして草を食べ始める。ひとしきり食べ終わると、草を穴の中に持ち帰り、またすぐ出てきて餌場に急ぐ。どうやら、巣穴に餌を貯めているらしい。一年の三分の二を雪に覆われた環境で生きるための営みだろう。氷河期からこうして命を繋いできたのだと聞くと、愛おしくてならない。

この季節は高山植物にとっても、動物にとっても命の輝きを謳う短い夏なのだ。そしてあの熊も例外ではない。「クマ出没・注意」と書かれた板も岩に立て掛けてある。やっぱり北海道の山なのだと足が竦む。

原始的な面影を漂わせた姿見の池の鏡のような湖面に、女性的な旭岳が姿を映していた。

ロープウェーで一緒に上がってきた数人の観光客はいつのまにかいなくなっていた。この辺りから引き返していったらしい。

姿見の池から旭岳の頂上までの道はすっかり見通せ、迷うことなく登れそうだ。

爆裂火口の南側に裾を引く尾根に取り付く。白い噴煙が休みなく昇る地獄谷を左の足下に見ながら、丸裸の火山礫を縫い、休みやすみゆっくり登っていく。息が切れる。平素の運動不足を思い知らされながら夫の後について行く。

白いカッターシャツにズックを履いた学生風の男性がすごいスピードで登ってきた。立ち止まって道をあけると「お先に」と、そのままのスピードで過ぎていった。先を行くのは彼一人だけ。時折、硫黄の臭いが鼻を突く。手を伸ばせば届きそうに見えた頂上は、行けどもいけども近付かない。追い越した白シャツの姿はどんどん高く小さくなっていく。何度も立ち止まって息を整えながら、登って来た道を振り返る。まだまだ残りの方が遠い。

一歩歩けば一歩高く頂上に近づいているのだと、自分に言い聞かせながら、また足を運ぶ。視界が少しずつ開けていく。煙を吐く山、雪を置く山々が頂上への期待を繋いでくれる。姿見の池から上り始めて二時間四〇分。大雪山主峰、二二九〇メートルの旭岳に着く。

「わぁい、頂上だ」

お腹の底まで息を吸い込んで北海道の風を味わう。

「広い。大きい。高い」

これほど高く登ったのは生まれて初めてのこと。「やったね」と、胸を突き上げる不思議な感動が湧きあがる。

何処までも広い三六〇度の眺望――

赤茶けた山肌を深くえぐり、休みなく噴煙を上げる爆裂火口、流れるように刻まれたいくつもの谷、さっき登ってきた尾根に印された一筋の道、鞍部にうねりながら伸びる縦走路などが、手に取るように俯瞰できる。

アイヌの人々が「カムイミンタク」と呼ぶ神々の庭に立って、空の色、雲の流れ、風の呼吸を全身に感じる。心が透明になり、この大自然の中のわたしは何とちっぽけなのだろう。

「あれが黒岳だ」

夫は、三〇年前に黒岳から旭岳へ縦走していた。まだ、食料も衣類も不自由な時代に職場の同僚と二人、夏休みを利用して、ボストンバッグに通勤用の短靴で登ったのだという。

夫の指差す黒岳へ伸びる縦走路に、あの白シャツの若者がぽつんと一点動いている。

「あれがトムラウシだ」

遥か北方に白く大きな山が座している。

「あの煙を上げているのが十勝岳、その向こうが夕張山地」

北鎮岳《ほくちんたけ》、凌雲岳《りょううんたけ》、烏帽子岳《えぼしだけ》、白雲岳等々初めて聞く山々を指差して教えてくれるのだが、どの峰がどの山なのか分からない。

座りよさそうな岩に座って昼食にした。宿で持たせてくれたおにぎりをほおばっていると、黄に黒の入ったウスバキチョウが一羽、人懐こそうにひらひら舞ってきた。木も草もない砂礫の高地に何をしに来たのだろう。ここでもまた、小さな命に出会ったのだった。

白シャツの若者はどこまで行ったのだろうと、縦走路を目で辿ると、こちらに向かって急ぐ人がいる。その姿がだんだん大きくなって、はっきりと見えるようになった。

いくらも経たないうちに、汗だくで頂上へ辿りついた男性は大きなザックを担いでいる。

「黒岳からですか」

「はい、黒岳の石室からです」

「ぼくも三〇年前に泊まったことがあるんですよ。今もやっぱり自炊ですか」

若い彼はまだ生まれてもいない昔の話を、どう聞いたのだろう。

頂上で一時間ばかり過ごして、来た道を降った。降りは楽だった。

姿見の池から、横手へ裾合平《すそあいたいら》への平坦な道をいくと、薄黄色の小花が一面を埋め尽くしている。

「チングルマだ」と言っている夫にもかまわず駆け寄ってみると、花は一センチ半ほどと小さく、真っ直ぐに伸びた四、五センチの花茎に一輪ずつ、空を向いて咲いている。白梅を思わせる五弁の花びらと黄色の蘂の絶妙な調和。なんと愛らしく清らかなのだろう。「一見、草に見えるが、実は矮小低木なんだ」というが、即座には信じられない。それにしても、誰がためにこれほどまでに精一杯咲くのだろう。

その後、チングルマには北アルプスの白馬大池や、五色ヶ原、大郎兵衛平などで、素晴らしい群落に出会った。時に花の盛りを過ぎて綿毛状の実になっていることもあった。が、それはそれで趣がある。この実の姿が、子どもの玩具、風車が回る様に似ているところから、稚児車《ちごぐるま》「チングルマ」と言われるようになったと聞いた。

ウルップソウやリンドウなど多くの花に出会ったが、聞いた名前すべては覚えられなかった。それに、このころはまだ、リシリリンドウなのか、ミヤマリンドウなのか、エゾオヤマノリンドウなのか区別がつかなかった。というよりも、リンドウの仲間に色々あることさえ知らなかった。サクラソウにしても同じだった。

翌日、宿の送迎バスで旭川に戻り、路線バスで層雲峡へ向かった。

午後はレンタサイクルで、石狩川の源流に近い層雲峡の見物に行った。自然が刻んだ柱状節理の岸壁を見上げ、高みから落ちるいくつもの滝を堪能して、層雲峡ホテルへ入った。

夕食のときワインを特別に注文した夫は、この日、五四歳を迎えた自分の誕生日をささやかに祝った。おいしい食事と大理石の温泉に満足して就寝。

翌朝、起きてみると曇り空。黒岳は厚いガスに隠れている。しかし、天気予報は悪くはない。ホテルの近くから九時発のロープウェーに乗る。定員一〇名のロープウェーはわたしと夫だけ。ゆるゆると昇るゴンドラの窓から、層雲峡温泉街の家並がどんどん小さくなっていく。

一〇分足らずで五合目の黒岳駅に着く。更に五分ほど歩いて、リフトに乗り換える。行く手に乳色のガスが流れて、空のリフトがひとつまたひとつ吸い込まれていく。そしてわたしたちもガスの中に飲み込まれていった。

黒岳七合目までリフトで運んでもらい、黒岳登山事務所に寄ると事務所の人も、天気は良くなるというので登山届を出して登り始めた。

七合目の標識を過ぎ、ダケカンバの林の中に刻まれたジグザグの道を行く。急な坂に息が切れる。が、愛嬌を振りまくエゾリスに心を奪われているうちに八合目。

このあたりにくると樹木が低くなり、やがて樹林帯が終わった。よく踏み固められた明るい登山道脇のロープが張られた斜面には、黄や紫や紅の花々が咲きみだれている。わたしは持参した『大雪の花図鑑』で初対面の花の名をさがす。見つかると、「エゾキンバイソウさん」「ハクサンボウフウさん」「ミヤマキンバイさん」「イワギキョウさん」「ダイセツトリカブトさん」などと出席をとるように、声に出して花の名を呼びながら登って行く。

わたしの声に負けないほど大きな声で、夫が「ニセイカウシュッペが見えだしたぞ」と叫んでいる。ガスはすっかり晴れ、遥か、白い夏雲の湧く広い空に、なだらかな稜線を描いた山並みからぴょこんと三角形の頭を出しているのが、舌を噛みそうなニセイカウシュッペらしい。アイヌの人たちの付けたこの名にはどんな意味があるのだろうか。

急な登りが終わったと思ったらいきなり黒岳頂上だった。

大雪の北東の端に位置する黒岳からは、表大雪の山々の展望が一望のもとに開けていた。

誰もいない頂上で、白い雪渓を抱いた北鎮岳を背に「黒岳山頂・１９８４」と書かれた標識を入れて自動シャッターをセットして記念写真を撮った。

カメラをしまいながら、ふと、わたしに呼びかけてくる花と眼が合った。写真でしか見たことのない薄紅色のコマクサではないか。おおよそ、植物など根付くことのないような砂礫の隙間に、美の化身のような小さな花は揺れていた。

身の丈六、七センチほどか。その存在は近くに行かないと気付かないだろう。咄嗟にしゃがみこんでじっと見つめた。

細長の顔、頭頂を膨らませたロングヘアのような毛先を左右に跳ね上げた薄紅のわずか一センチほどの花弁は、か細い茎に支えられ、うつむいていた。心細げに寄り添う花を守るように、細かく裂けた粉白色の葉で装った自然創造の神は、人知れず咲き人知れず散る花をなぜ、かくも完璧に創ったのか。小さいが故の迫真の力さえ感じる。この凛とした奥深さはなんだろう。大雪の短い夏の陽射しを全身に受けて、灰色の礫地に花影をうつし、広大な山を渡る風に身を任せそよいでいた。

コマクサは「高山植物の女王」といわれるが、わたしには、女王様というより、幼く清らかな品格を備えた王女様のように思われてならない。

高山植物は「採るべからず、撮ってよし」というのが山の掟である。ということは以前からよく知っていた。わたしは掟に従って可憐なその花姿を、なんとかカメラに収めようと身を乗り出して風の凪ぐのを待っていた。と、その時突然、

「ロープの中に入ってはいけません」

ハンドマイクを持った監視員が遠くで叫んでいる。周りを見回したがわたしたち以外には誰もいない。わたしが花を採ろうとしているように見えたのか。わたしは身は乗り出してはいるがロープの中には踏み込んではいない。花を愛で写そうとしているだけなのに。

さっきまでわくわくしていた心が、急に冷たくしぼんでしまった。

しかし、高山植物を盗掘して持ち帰る者が後を絶たないという話もよく聞いている。それに、根元を踏みつけるだけでも植物に大きなダメージを与えるそうである。そうした絶滅の危機にさらされている貴重な高山植物を懸命に守っている人たちのいることを感謝しなければならない。心無い登山者に間違えられて、腹を立てた自分が恥ずかしくなった。

それからも、あちこちの山でコマクサに出会った。どこのコマクサも他の植物と混在しないで、この上ない過酷な環境ともいえる吹きっさらしの砂礫の斜面に根をはり、独り健気に咲いていた。可憐な姿をしていても、実は強い花だと知ると、いっそう心惹かれるのだった。

どんな高山植物にもいえることだが、特にコマクサは「そこに在るから美しい」といえよう。

「少し歩いてみないか」

だらだらと降っていくと赤い屋根の黒岳石室があった。石を積み上げた小屋の周囲には、テントが数張り並んでいて、キャンパーたち五、六人が何をするでもなく憩っていた。開け放たれた石室の入口から暗い中を覗くと、湯気だか煙だかが立ち込め、何も見えない。ただ人がうごめいている気配があった。昼食の準備でもしているのだろうか。

「三〇年前は、小屋の番人を入れて四人だけだったんだが」

と夫は言うが、二〇人や三〇人はゆうに泊まれそうな石室に見えた。

雪渓で子どものように雪を掘ったり丸めたりして遊び、チングルマのお花畑に足を止めて花たちの姿を目に焼き付けながら、旭岳に通ずる縦走路の途中まで足を延ばした。

いつの間にか、晴れていた山上の楽園にガスが流れ、次第に濃くなって、とうとう降りだした。もっとたくさんの花を見たくて、雨具を着て小雨の中を歩いた。雨はだんだん激しくなってきた。

咲き乱れるキバナシャクナゲは冷たい雨に打たれて身を縮めていた。

「引き返そう」

花々に心を残しながら、来た道を辿った。

黒岳頂上に戻ったころには、雨も上がり、ガスも薄くなっていた。

薄日の射す中、層雲峡へ降った。

この大雪山で初めて出会ったコマクサに魅せられてから、わたしの高山植物を訪ねる旅が始まった。

## 西穂高岳・蝶ヶ岳

大雪山や八甲田の高山植物に魅せられ、山歩きの魅力を知り始めたわたしを、夫は西穂高岳へ連れて行くと言い出した。いきなり「西穂高」と聞いて不安になった。

「なあに、標高二一五六メートルまではロープウェーで登るんだし、穂高連峰の中では最も易しい山だから大丈夫」

と、どんどん準備を進めた。

夫は、書店に行って、行き先の二五〇〇〇分の一の地図と山のガイドブック、最新の列車時刻表を買ってきた。一方で以前、登った時の記録を出して、山行の計画を立て始めた。

地図上の等高線で高度を、カーブメーターという製図用の器具を登山道に沿ってころがして距離を測り、縦軸に高度を横軸に距離をとって、行く先々の主な情報を書き込んだグラフのような行程図を作った。等高線を見てもその盛り上がりを感覚で捉えることのできないわたしがひと目で判るような高低図だった。が、このとき描いた高低図はその後、改良した。

机に向かって、ガイドブックを開き、何日もかかって高低図作りをするその後ろ姿は楽しそうにさえ見えた。もうその時点から彼の山登りは始まっていたのだろう。書き終えた高低図を三枚コピーしてその一枚をわたしに、一枚を自分が持ち、後の一枚は家に置いていった。折りたたんで胸のポケットに入れた高低図を登りのきついときや、どこまで続くか分からない長い尾根道で出してみると、安心したり覚悟したり、気持ちを奮い立たせてくれた。

一九八四年七月三〇日朝、新幹線で岡山を発ち、名古屋、高山を経てバスで新穂高温泉に一泊。翌朝は快晴。新穂高駅、五時二〇分発のロープウェーに乗り、途中、白樺平で乗り継いで千石尾根を登ること二〇分。山頂駅で軽い朝食をとった。

わたしは、今回新調したウールのチェックの長袖シャツにグレーのニッカズボン、足元はくるぶしを覆う軽登山靴に毛編みのハイソックス。暑がりの夫は、以前から着慣れた半袖のポロシャツ、短パンにハイソックス、重い革製の登山靴である。

二人共体調は上々。足取りも軽く歩き始める。周りの山々が頂上から次第に目覚めていく。

山頂駅近くの整備された千石公園の展望台に立つと、谷筋に白い残雪を蓄えた三〇〇〇メートル級の山並みに手が届きそうだ。

「あれが笠ヶ岳だ」

夫の指差す先に、なるほど陣笠の形をした山がある。誰が名付けたのか笠ヶ岳だとはよくいったものだと感心する。一度教えられたら忘れられない山だ。

行く手正面に、朝日に輝く西穂高岳が座している。思わずわくわくしてくる。

登山道に踏み入れると、ロープウェーに同乗していた観光客の姿はなくなり、二人だけになった。木の間越しに見え隠れする山並みに、とうとう憧れの北アルプスにきたのだという実感がわいてきた。

思いのほかなだらかな登山道。シラビソやトウヒが木陰をつくり、時折吹いてくる風が心地いい。チュピン、チュピン、チ、チチ……、ジュリッ、ジュリッ……、ピョロピョロ、ピョロロ……、賑やかな小鳥たちの囀りが、いかにもわたしたちを歓迎してくれているようで嬉しくなる。

「わぁ、可愛いお花」

「おおっ、そりゃあゴゼンタチバナだ」

足元に咲く一センチ余りの小さな白い花の名を夫は知っていた。その後、植物図鑑で、白い四弁の花びらに見えるのは総苞弁で一、二ミリの十数個の蕊のように見えるのが花だと知った。

赤屋根の西穂高山荘に着いたのはちょうど八時。もう宿泊客は発って行った後なのか、小屋の中は人の気配はなく静まり返っていた。

「御用の方はこのボタンを押して下さい」とある。柱に取り付けられたボタンを押すと、小柄な人のよさそうな高齢の男性が奥から出てきた。宿泊をお願いすると、言葉少なに二階のいちばん奥の部屋へ案内してくれた。

この男性が山荘経営者の村上守さんであることを、後日、山と渓谷社の雑誌で知った。明治四一年、島々に生まれた彼は、W・ウェストンを案内したことでも知られる名ガイド上条嘉門次に憧れて登山案内人になったのだという。昭和の初めから槍ヶ岳や穂高連峰を舞台に案内人として活躍した。一方、昭和一六年の西穂高山荘誕生以来、小屋を守り、登山者を守り、遭難救助に努めるなど、西穂高と共に生きてきたという。

わたしたちがお世話になった時は七七歳。翌一九八五年秋、勲六等単光旭日章の栄誉に輝いた。

少憩の後、それぞれのサブザックに雨具、防寒具、水筒と少しの非常食を入れて、西穂高岳を往復することにする。

西穂高岳南西の標高二三〇〇メートルの森林限界に立っている小屋の前から、緑の濃いハイマツと岩の間をジグザグに登って行く。

行く手にいくつもの岩峰が透き通る青空に突き上げている。

「手前の緑の山が丸山、その向こうの台形をしているのが独標《どっぴょう》、その次の三角形がピラミッドピーク、その後ろが西穂高岳山頂、右手後方からぎざぎざの頭を出しているのが奥穂高岳だ」

夫は二五〇〇〇分の一の地図を片手に峰々の名前を教えてくれる。独標とかピラミッドピークなど初めて聞く名前だ。が、特徴のある山容だ。これから、その尾根を辿りながら西穂高岳の山頂まで登るのだという。

右手前方には前穂高岳や明神岳も聳え、深い渓の底に上高地、大正池が俯瞰できる。後方には、一筋の白い煙を吐いている焼岳、その向こうに乗鞍岳、遥か彼方に白山の眺望もすばらしい。

やがて、お花畑に近付いた。朱赤色のクルマユリ、黄色のミヤマキンポウゲやウサギギク、薄紅色のハクサンフウロ、薄黄緑のコバイケイソウ、紫のイワギキョウなど今を盛りに短い夏を謳歌している。

「わぁ、いっぱい、いっぱい。すごい、すごい」

花、葉、茎、それぞれの形、色、大きさはかくあるべきと神の創りたもうたままに迷いもなく咲いているそれぞれの完璧な花姿に、歩くことも忘れて立ち尽くす。雪の下の長い過酷な時を思い、今、こうして山を彩る自然の意向を汲み取ろうと、花々の声に耳を傾けていた。

「さあ、ぼつぼつ行こうか」

無我夢中で花を愛でているわたしを、じっと待っていた夫が、遠慮がちに声を掛けた。

「はい、行きましょう」

しだいに尾根が痩せ、小石混じりの歩き難い登山道になった。そんな岩陰にも紫色のイワギキョウが岩にしがみ付いて震えている。

「これは浮石だ。注意して」

前を行く夫の鋭い声に我に返る。不用意に足を置くとぐらぐら動いたり滑ったりする浮石はどこにあるか分からない。夫はそんな石を見付けると必ず「これは浮石だ」と声を掛ける。一歩いっぽ注意深く足を運んでいく。

たまに行き交う山男たちは、頭の上まであるザックを重そうに担ぎ、首に掛けたタオルで、滝のように流れる汗を拭きふき「こんちわ」と過ぎて行く。泥まみれになった靴やシャツの様子から、もう何日も山に入っているらしい。

いよいよ独標の登りにかかる。岩を積み上げたような頂を見上げると、しっかりと登らなければと気持ちが引き締まる。急な岸壁に取り付けられた鎖場。

「なるべく鎖に頼らず、手がかり足がかりを見付けて、常に三点確保を忘れずに」

という夫の指示を守って登っていく。左右の手と足のどこかひとつを離して移動し、他の三点はしっかり鎖なり岩なりを離してはならないというのが三点確保（三点支持ともいう）だ。三点確保と言われなくても両手を同時に離すことなど怖くてできない。同じ側の手足を一緒に離すことなどどうしてできよう。日頃、少々の危険を危険とも思わず、無鉄砲なわたしが心配だったのか、夫は何度も「三点確保」「浮石に注意」と大きな声で叫びながら振り返りふりかえり慎重に登っていった。

独標の上は意外と広かったが、岩屑が重なって平坦とはいえない。先着の五、六人が大きなザックを下ろし、吹き上げてくる風に吹かれて一服していた。

二七一〇メートルからの眺望――ピラミッドピーク、西穂高岳山頂、間の岳、天狗岳など鋭い岩の峰が向こうへ並び、奥穂高岳から前穂高岳の大岸壁へと続く。

山々をバックにカメラを構えていると、

「お二人でどうですか」

と、山慣れた青年がシャッターを押してくれる。

「じゃ、あなたも」

手渡された彼のカメラでパチリ。

「一人で歩いていると、なかなか自分が写せなくて」

彼は、槍ヶ岳から北穂高岳、奥穂高岳を縦走してきたというなかなかの山男だ。

「ジャンダルムの登りが大変でした」

と、日焼けした顔に白い歯が満足げに笑っていた。

槍ヶ岳、北穂岳、奥穂高岳、西穂高岳という縦走コースは、ナイフ・エッジといわれる剃刀のように鋭く痩せた岩稜が連なる北アルプスで最も難しいコースだ。中でも奥穂高岳と西穂高岳の間にあるジャンダルムへの直登は難しく、多くの遭難者を出している所でもあると岩に腰を下ろした夫は話す。冷たい風が谷底から吹き上げてきて気持ちいい。

クッキーをつまみお茶を飲みながら夫は更に、この独標で起きた遭難事故のことを続けた。

一九六七年八月一日、松本深志高校の生徒が、ここ独標で落雷に遭った。死者は一一人、重軽傷者一三人を出したのだという。

この場所で雷に襲われたら避難する場所はどこにもない。若い彼らの歓喜の時を一瞬にして恐怖と悲しみの淵へとつき落とした場所に立って、胸が痛く、言葉もなかった。そっと心の中で掌を合わせた。

三〇分ほど休憩の後、山頂を目指す。急降下しては登り、また降る。登り降りを繰り返しながら高度を上げていく。人一人立てば行き交うことも ままならない痩せ尾根は左右に深く落ち、崩壊も激しい。高所恐怖症ではないと自負しているわたしでさえも、下を見れば足が竦む。

片時も「三点確保」を忘れず、こまめに「浮石がある」と注意を促してくれる夫のいうことを忠実に守って、慎重に足を運ぶ。

一歩いっぽ注意深く、何度もアップダウンしながらやっと着いたと喜んだ頂上は本峰ではなく、ピラミッドピークだった、登り始めたとき見た三角形の頂点だ。

早目の昼食を食べていると、さっきまであんなにきれいに見えていた奥穂高岳の西の渓から白いガスが昇り始めた。

「午後のお天気大丈夫かしら」

「大丈夫、大丈夫」

夫は、涼しい顔。

「お天気の変わらないうちに早く行きましょう」

と、促してようやく腰をあげる。

またいくつもの登り降りが待っていた。岩にペンキで印された「○」や「↑」を辿って最後の鎖を手繰って、ようやく累々と大小の岩の積み重なった標高二九〇九メートルの西穂高岳の頂上を踏んだ。一二時四〇分だった。

穂高の真ん中にぐっと近付いた感じがする。深く鋭く切れ落ちた渓に目を落とすと、ずいぶん高くまで登ってきたものだと、嬉しさがじわじわと湧いてくる。気が付けばひたいに玉の汗が流れている。ウールのシャツを脱いでティーシャツになると、襟元から冷気が流れ込んで気持ちいい。

先ずは頂上の標識を入れて記念撮影をする。

夫は　地図を広げて、周囲の山々の同定を始めている。その間に、一人またひとりと頂上に着いた山男は一息入れると、そそくさと降りていく。

イワヒバリが岩から岩へと移り飛び、登山者の落としたパン屑をついばんでいる。

湧き上がったガスは大きく膨らみ、やがて奥穂高岳の頂上を隠し始めた。

夫はひとしきり地図で同定し終えると、それらの山を写そうと、カメラを手に、東西南北ぐるりと回りながら、何度もシャッターを押している。

「あの雲さえ動けば、向こうに槍がみえるんだがなぁ」

しかし、北の方から、見るみるうちに夏雲が湧き、さっきまで見えていた山々にも雲がかかりだし、とうとう槍はおろか、奥穂高岳も笠ヶ岳の笠も隠れてしまった。

根気強く待ったが、晴れそうもないので、諦めるしかなかった。

登りと同じ道を降る。意外と順調に登れた痩せ尾根も、下を見ると、よくもこんな所を歩いたものだとぞっとする。踏み外せば、何百メートルもの急斜面を、岩もろともに渓へ滑り落ちてしまうだろう。足の置き場を素早く目で追いながら、一歩いっぽ慎重に降っていく。

登るときには気にならなっかた夫の歩きがぎこちない。

「どうしたの」

「うん、ちょっと膝が痛くて……」

丸出しの脛をなでながら「そのうち治るだろう」と、楽観的だ。しかし、調子はよくなるどころか、痛みはだんだん増してきているようだった。このとき、ずっと後々まで左膝の関節の痛みに苦しむなどとは、ゆめゆめ思っていなかった。

ゴーと後方から嫌な音がする。初めは飛行機の音かと思ったが、北の空が一瞬明るく光った。

「雷だ」

少し間をおいて鳴る遠雷。

ガイドブックで「穂高の夏の気象で最も怖いのは雷だ」と注意を促していたことを思い出した。朝の雲ひとつない青空からは想像することはできなかった。

まだ雷は遠そうだが、付近に逃げ込めそうなところはどこにもない。独標で雷に打たれて遭難した松本の高校生の二の舞を踏まないためにも、夫を急かして、少しでも低い所まで逃げ帰りたい。だが、脚を庇いながら降っている夫を見ると、無理もいえず気が焦るばかりだ。

雷は近づくでもなく、止むでもない。運を天に任せるしかないと開き直ってはみるものの、気が付けばいつの間にか急ぎ足になっている。

「雷よ来ないで、お願いだから来ないで……」

祈りながらの下山だった。

道幅が広くなって、西穂高山荘の赤い屋根が見えた時の嬉しかったこと。

雷雨にも遭わず一五時四五分、山荘に着いた。

夫は重い登山靴を脱いでどかっと座り込むと、さっそくビールを注文して飲んでいる。いつもの二倍も三倍も疲れたようだ。

「山頂で脛を冷やしたのが良くなかったんだろうな。明日はニッカにするよ」

以来、夫は短パンではなく、脛の下まであるニッカズボンで山歩きをするようになった。

山小屋の夜は早い。そうとう疲れていたのか、横になるとすぐに眠ってしまった。それでも真夜中にすごい雷雨があって目が覚めたという。目覚めないわたしの方がもっと疲れていたのかもしれない。

翌八月一日、清々しい朝を迎えた。

身支度をして、食堂へ下りると、昨夕、隣で食事をしていた女性の二人組にまた会った。

「農作業が一段落して、好きな山登りをさせてもらっているんです。今日は西穂高岳まで登るつもりです」

山形から来たという年配の女性は控えめに話す。

「わたしたちは昨日登ってきました。これから上高地へ降りて、あした蝶ヶ岳に登る予定です」

「まぁ、蝶ヶ岳、わたしたちも登りたいわね」

食後、小屋を出た二人は体を少し前にかがめて、ゆっくり西穂高岳へ登っていった。

正面に上高地の渓を隔てて、蝶ヶ岳の山並みがなだらかに横たわっていた。

山荘前で記念写真を一枚撮った。アルバムに残っている懐かしい山荘は、わたしたちがお世話になった翌年、一九八五年一〇月焼失してしまった。その後、収容人員三〇〇名の立派な山荘が再建されていると聞いている。

六時四〇分降り始める。一見雪が降ったのかと見紛う真っ白な花をつけたナナカマドの群生地を抜け、シラビソやコメツガの林に入った。視界が遮られた樹林帯の中をひたすら降る。夫は「膝の調子はまあまあだ」というが、急坂の降りはきついらしい。立ち止まり、また降っては立ち止まる。降りにこんなに苦労することはなかった。

ようやく「西穂高登山道」の標識の立つ地点まで降りた。一〇時二五分。予定時間を一時間以上もオーバーしていた。

梓川の右岸を遡っていくと、薄暗い崖に刻まれたW・ウェストンのレリーフの前に出た。毎年六月の第一日曜日に、ここで催されるウェストン祭の様子を、以前テレビで見たことがあった。その時のような賑わいはなくひっそりとしていた。

河童橋のたもとの「五千尺レストラン」で昼食をとって外へ出てみると、小雨が降り出していた。山の上はまた雷だろうか。

それから、小梨平のキャンプ場を抜け、明神を通り、小雨の中を梓川沿いに徳沢へ向かった。シナノキやハンノキの巨木、河畔に群生するケショウヤナギ、比較的背の高い高山植物、ツリガネソウやキヌガサソウの咲くなだらかな道を行っているうちに、雲がちぎれ明るくなってきた。しかし、穂高連峰は依然としてガスの中だった。

ちょうど一時間歩いて明神に着いた。道沿いの「よしきや」の前のベンチで一息入れている間に、雨はすっかり止んだ。山から降りてきた中年の男性に声を掛けられた。

「これからどちらへ登られるのですか」

「はい、徳沢に泊まって、蝶へ登ります」

「蝶ですかぁ」

少々拍子抜けしたような返事だった。槍ヶ岳とか穂高岳などという有名な山になぜ登らないのかという口振りにもとれた。

「いやぁ、槍はよかった」

槍ヶ岳の素晴らしさにまだ酔いしれているようだった。わたしたちもいつかは登ってみたいと思った。

明神を出るとすぐ、徳本峠《とくごう》からの道と合流した。梓川沿いに上高地へ入る道路が、一九三三年に開通するまでは、島々と上高地を結ぶ唯一のルートだった。古くから、杣人や炭焼き、猟師や薬草採りが利用し、明治になって、槍・穂高を目指す岳人たちが通った徳本越えの道である。日本近代登山の父、W・ウェストンやあの高村光太郎もこの道を辿っている。島々から健脚でさえ一日がかりというこの道は、今では歩く人は少ないと聞く。

梓川とついたり離れたりして行くこと二時間。かつて牧場があったという開けた草原に出た。カツラやトチノキの緑の樹間に赤い屋根が見えてきた。草原のいちばん奥に「氷壁の宿徳沢園」

と書かれた欧風の木造二階建てが堂々と立っていた。
ナイロンザイル事件を題材にした井上靖の小説『氷壁』に「徳沢小屋」として、この徳沢園は度々登場した。小説の中で、主人公魚津恭太と小坂乙彦が運命的な登攀に出発した場所であり、小坂の捜索や遺体搬出のベースキャンプとして、また、荼毘に付された小坂の遺骨が帰ってきた舞台でもある。

玄関を入った売店を兼ねた受付カウンターで若いオーナー夫妻が迎えてくれた。美男美女の感じのいい人だった。そのとき、奥様の膝の上で絣の浴衣を着た二、三歳の坊やがすやすやとお昼寝中だった。このかわいい彼には滞在中、食堂や廊下で何度も会った。物怖じしない無邪気な彼は、お客さんの人気者だった。翌年、槍ヶ岳の帰りに投宿したときは、母親に似て目鼻立ちの整った美少年になっていた。

木目の美しい床、ゆったりとした広い階段、黒褐色の渋い光沢の柱など、落ち着いた建物内は掃除も行き届いて気持ちがよかった。その上、早くから予約していたわたしたちには「井上靖先生が『氷壁』を執筆されたときお泊まりになった部屋ですよ」という、宿の中でいちばん上等の二階の角部屋が用意されていた。窓を開けると目の前の山肌をガスが忙しく行き交っている。木々の緑は雨に洗われ、目に染みる。草原のあちこちにテントが張られ、赤、青、黄の花が咲いているようだ。黄色の大きなキスリングを担いだ高校生のパーティーが一列でやってきた。彼らも今夜は徳沢にテントを張るのだろう。

誰もいない広いお風呂はお湯が溢れていた。朝、西穂高山荘を出て長い急坂を降り、上高地から二時間歩き続けた脚を、お湯の中でもみほぐしながらじっくりと温まった。

「いい湯だった。ゆっくり温めたので、脛の調子がいいようだ」

夫は、縁側の椅子に座って、痛めた脛を曲げたり伸ばしたりしていた。

夕食は一九時から明るくて広い食堂でいただいた。温かいご飯に味噌汁。イワナや山菜など、山の宿らしい献立はとてもおいしく、小食のわたしたちでさえ、めずらしく全部食べた。

食後、公衆電話で家に電話をした。

「そちら二人とも元気。うちの方は変わりないよ。おばあちゃんも調子いいよ」

と、次女の声。

二人の娘が姑《はは》と留守番をしてくれている。山小屋は電話のないところが多く、毎晩は家の様子を聞くことやこちらの様子を知らせることができないが、公衆電話が引かれている宿では、必ず掛けることにしている。まだ携帯電話などなかった時代だった。

翌朝五時、夜明けとともに起床。快晴だ。前穂高岳の北尾根が朝の光を受けて赤く染まっている。

広場ではテントの周りで、朝食の準備をしているキャンパーたちが右往左往している。

そんな中に早々とザックを担いで出発していくパーティーもある。横尾から槍ヶ岳か穂高を目指すのだろう。

わたしたちは徳沢から大滝山に登り、尾根伝いに蝶ヶ岳へ行く予定だった。ところが、出てみると徳沢が崩壊して大滝山登山道が閉鎖されているという。夫はルートを変更して大滝山と蝶ヶ岳中間の長塀山《ながかべやま》に直接登り、長塀尾根を通って蝶ヶ岳に行こうと、長塀山登山口を探し始めた。登山口は徳沢園のすぐ左手にあった。踏み跡が方々に散らばっていて、どこが登山道なのか分からない。どこを通っても登れそうだが、どこを歩いても、どろどろに練った黒い壁土のような急斜面は滑りやすく歩き難そうだ。枝にくくりつけられた赤い紐やペンキ印を辿りながらの登りは苦労の連続だった。登ってものぼっても尾根は見えてこない。なんでこんなに苦労して山に登るのか、なぜ、なぜ……と自問していた。

足が上がらない。やっと踏み込んでもずるっと滑ってしまう。夫も痛そうな脛を庇いながらゆっくり登っている。が、その夫にも置いて行かれそうだ。こんな所で迷っては大変だ。必死でついていった。

長塀とはよく言ったものだ。

三時間ほど登ったところで、ようやく休憩できそうな場所がみつかった。どちらからともなく当然のように、倒木に腰を掛けた。

見下ろすと、仄暗い林の中をどう歩いてきたのか、たくさんの足跡だけが不規則に散らばっている。こんなひどい登りもあるのか。まだ先もある。もう登りたくないと思った。が、引き返すのももっと大変だ。

二〇分ほど休んだころ、小学校高学年の男の子と中学生の女の子が両親に連れられて登ってきた。初めて会う登山者だった。しばらくはわたしたちと、先になり後になりしながら登っていたが、肥満気味の父親がばてたらしく、遅れだし、姿が見えなくなってしまった。

ようやく、長く暗い急な登りから抜け出して、明るい尾根に出た時には、もう到着したような気持ちになった。が、実はこれからが遠かった。高低差のほとんどない尾根歩きだった。

少し行った所で素晴らしい眺望が開けた。オオシラビソの枝越しに、穂高連峰が雄姿を現した。

「すばらしい」

初めてまじかに見る穂高連峰の揃い踏み。彼方に透けるような群青の空。そそり立つ鉄色の岩肌に雪の渓。風が優しく低く植物の囁きや輪唱を繰り返しくりかえし運んでくる。奥又白の雪渓と涸沢カールがひときわ白い。もう言葉はいらない。日常の尖った神経が丸くまるくなっていく。奥深い自然にそっと包まれているような安らぎ。やがて地上では味わえない胸の高鳴り。この感覚とこの風景をしっかり心の片隅に受け止めておこうと思う。

さっきのうんざりするような長い登り、あれは何だったのだろうか。

急に空腹を感じた。徳沢園で作ってもらったおむすびに、牛肉の缶詰を開けた。汗をしっかりかいたからなのか、清冷な空気のせいなのかお茶がとてもおいしい。体中の細胞の一つひとつが生き返っていった。

なだらかな尾根を三〇分ほど行くと、頂上とは名ばかりの平坦な長塀山頂上に着いた。標高二五六四・九メートルの山頂は樹々に囲まれ眺望もなく、特に頂上を極めたという感動はなかった。針葉樹林とお花畑に囲まれた妖精の池の畔でザックを下ろした。ミヤマキンポウゲ、ハクサンフウロ、ハクサンボウフウなど百花繚乱。雪解けが早い池の周りはもう夏真っ盛りだった。

湖面が暗くなった。昨日も一昨日も午後になると雷雲が発生して、雨になった。今日もまたかとうんざりする。

大雨にならないうちに少しでも小屋に近付いておきたかった。今しばらくここにいたいという夫を急かして、緩やかな道を辿る。雨粒がポツポツと帽子に当たる。遠くで雷が鳴り出した。夫は「あと一キロもない」というが、ヒュッテらしい建物は見えてこない。心ならず足だけが急いでいる。雷は近づく様子もなく遠くで不気味にゴロゴロと鳴っている。雷に気をとられて窪地に咲く花をじゅうぶんに愛でる余裕もない。

小さなピークを登りきると、急に蝶ヶ岳ヒュッテの赤い屋根が目に飛び込んだ。

ヒュッテは蝶ヶ岳頂上の手前、標高二六六四メートルの鞍部に立っていた。

なんとか大雨にも遭わず飛び込んだヒュッテはまだ新しく、入口に続く広い休憩室の床はよく拭き込まれていた。

食堂奥の受付で宿泊の手続きをした。宿泊費は二人で一万円。渡された領収書は水券も兼ねていて「二人分、二リットル」とボールペンで記されていた。山小屋経営にとって水の供給は重要な条件のひとつだ。稜線上の小屋ではあるが、近くの羽衣の滝の上部と黒沢の二か所から水をポンプアップしているので水の心配はないと聞いていたのだが、今年は積雪が少なく、予定通りの水の供給ができなくなったのだという。

水筒に入れてもらった一人分一リットルの水が、今夜から明日横尾へ降りるまでの水だと聞いて驚いた。飲み水だけならなんとかなろう。だが、手や顔を洗い、歯も磨かねばならない。それら全部を一リットルの水で賄わねばならない。すごい課題を突き付けられた。平素、文字通り湯水のように水を使っているわたしにとっては、たった一日とはいえ、ものすごい試練だ。

飲み水はどんなことがあっても確保したい。そのために少しでも残しておきたい。手や顔は、ハンカチを湿らせて拭くことにした。喉の渇きは売店で売っているビールや瓶入りのコーラを足しにすることにした。山の上の売店では、地上の二倍の値段がついていた。このころはまだペットボトル入りのお茶や水の販売はなかった。

水の苦労に加え、ベッドも大変だった。

アルバイトらしい宿泊担当のお兄さんは、二段ベッドの下まで案内して、

「上段です。今日はお客さんが多いんで、一畳に二人というわけにはいかないかもしれません。できるだけ詰めて、荷物は廊下に出してください」

もう何度も言ったらしく、立て板に水のように言うと、わたしたちの居場所も見ずに行ってしまった。

荷物を手に持ったままでは、垂直梯子の上がり下りは難しい。

二段ベッドの上段に上がってみると、幅十数メートル奥行二メートルほどの細長いワンフロアになっていて、奥の方にはすでに何人かが詰め込まれていた。わたしたちは反対側の端に陣取った。見る限りでは宿泊客はさほど多くはなさそうだ。寝るころになれば、もう少しゆっくりにしてもらえるかもしれないと高を括っていたのだったが、どうして、後からあとから到着してきた客で、本当に満杯になってしまった。横尾から登って来たのか、常念岳方面から来たのか。

雨も上がって明るくなってきたので、近くを散策しようと外に出た。

なんと、槍沢の渓を隔てて正面に大きく穂高連峰が迫っている。

「真正面の切れ落ちているのが大キレット、その左に四つ並んでいるピークが北穂高岳、涸沢岳、奥穂高岳、前穂高岳。大キレットの右が南岳、中岳、大喰岳《おおばみだけ》、槍ヶ岳だ」

夫は自分に言っているのか、わたしに言っているのか、ゆっくり指差していた。

「ここ蝶ヶ岳からの穂高岳連峰の眺めは北アルプス随一と言われているんだ」

なるほど。夫はこの大パノラマを見せたくてわたしをここへ連れてきたのか。いつまでも見ていたかったが、稜線近くの雲が流て、槍の穂先にかかって、とうとう隠れてしまった。もう一度現れてくれないかと待ったが、二度と顔を出さなかった。

「もうだめだ。もう少しあのあたりまで歩いてみないか」

少し下ると、小さな池が点在し、その周りにお花畑が広がっていた。ここにはウスユキソウ、コイワカガミ、イブキトラノオなど小柄な花が咲いていた。

一七時夕食、一七時半にはもうベッドに横になったがすぐには寝付けない。トイレに下りたついでに外に出てみたと帰ってきた夫が「星がとてもきれいだった」というので、わたしも見たくなって一人で一階に下りてみると、休憩室の広間いっぱいに布団が敷かれているのには驚いた。本当に宿泊客は多いんだと実感した。

建物の外に出ると、冷気が凛と張りつめていた。澄み渡った広い満天の星空。これほどの数の星を見たことがあっただろうか。子どものころ畦道に莫蓙を敷いて流れ星の観察をしたときも、こんなには見えなかった。無数の星たちは遠いとおい宇宙の彼方からチカチカと、光のサインを送っている。しばらく星のおしゃべりを聞き取ろうと佇んだ。

首筋や足元から冷気が入り込み体が冷えてきた。建物の中は人いきれでむんむんしていた。

梯子を上って、自分のベッドに戻ってみると、どう見ても寝るだけの隙間はない。仕方なく横向きになって滑り込んだが、向きを変えることもできない。朝まで同じ姿勢で寝るしかなかった。何度も目が醒めたが、寝返りもうてない。眠れたような眠れなかったような一夜だった。

翌朝、四時半起床、五時半朝食。六時一〇分出発。朝もやの中を、蝶ヶ岳山頂を目指す。ハイマツ帯の間を緩やかに登り、砂礫に咲くイワオウギやオヤマソバなどを愛でながら、コースタイムの一・五倍も掛けて二六七七メートルの蝶ヶ岳頂上に立った。

道は更に常念岳まで伸びていて、登山者の派手なウェアやザックの列が動いていた。手を伸ばせば届きそうな常念岳にわたしたちも行きたいと思ったが、行くとなるとあと一日はかかるので、今回は予定通り横尾に下りることにした。

槍ヶ岳や穂高連峰の稜線に垂れ込めた雲がゆっくり流れていた。陽がかげると急に肌寒くなる。

「ライチョウがいる」

声の主の方にそっと近付くと、カメラを構えている青年のレンズの先にライチョウ一家がお尻を振ってよちよち歩いている。褐色の夏毛に覆われた二羽の雛鳥と母鳥。雛鳥は特別人を怖れている様子もなく、腹を地面にこすりつけ、羽毛を震わせて砂浴びを始めた。が、母鳥はまん丸い目で、常にきょろきょろと周りに注意を払っている。天然記念物に指定されているこの愛らしい鳥もまた、この苛酷な高山で氷河期から生息しているのだという。高山に咲く花同様、愛おしくてならない。

次々に人が集まってきて、シャッターの音がうるさくなったのか、危険を感じたのか、母鳥は雛を連れてハイマツの下に隠れてしまった。

槍ヶ岳や穂高の稜線の雲はいっこうに晴れそうもない。

人のいない石くれの樹林帯の中の、ジグザグの長い急坂を、夫の膝を気遣いながらゆっくり横尾へ降った。

横尾に着いたとき、二人の水筒にはまだコップ一杯ほどの水が残っていた。

## 常念岳から槍ヶ岳へ

いつか槍ヶ岳へ登りたい。

前年、蝶ヶ岳から見た颯爽と天を突く鋭角の槍の穂先がわたしの心を捉えて離さなかった。

「槍ヶ岳に登りたいな」

ぼつぼつ今年はどこの山へ登ろうかという話が出始めたころだった。

「じゃあ、今年行こう」

と、その速さに驚くほど一九八五年夏、憧れの槍ヶ岳登山の話が決まった。

例によって夫は地図を広げて、山行の計画を立て始めた。前回の高低図がもうひとつ、山慣れないわたしにとって判り難いといった反省から、夫の工夫と苦労が始まった。距離の縮尺をほんの少し小さくするだけで、斜度が緩やかになり、登り降りのイメージが捉えやすくなった。それに広くなった空白部分に、登山道の情報を記入しやすくなった。

渡されたコピーを屏風畳にして胸のポケットに入れ、山の天気がいちばん安定しているといわれる七月の末、安曇野のペンション「舎炉夢《しゃろむ》」からタクシーで常念岳の東麓、三俣に向かった。ガタガタの林道を車は喘ぎながら谷をつめていった。

車を降りると、谷を埋め尽くす樹々の緑は朝の光に輝き、透明な空気が迎えてくれた。わたしたち以外には誰もいない。静かな山行になりそうだ。

予定は三俣から常念岳に登って、大天井《おてんしょう》から槍ヶ岳へ。中岳から天狗原《てんぐっぱら》に降りて、槍沢、横尾、徳沢を経て上高地へ至る四泊五日である。

長野県豊科警察署・北ア南部地区山岳遭難防止協会の登山者カードを書いて、白い木製の届け出箱に投函して山道へ踏み入る。

切り株に腰かけて、先ずは腹ごしらえをする。ペンションで朝食用に作ってもらったおにぎりがおいしい。足元を流れる渓谷は、岩にぶつかり白い飛沫をまき散らして賑やかに駈け下りていく。流れに架かる丸太橋を渡り、道標に従って蝶ヶ岳への道と別れて右へ、常念岳への道をとる。いきなり急な登りになった。辺りはシラビソやブナに覆われ、視界は悪い。ジグザグの道を右に左に折れながらゆっくり高度を上げていく。「ハッ、ハッ……」自分の吐く息だけが樹間に響く。前を行く夫と少しずつ離れていく。

「休憩にしましょうよ」

後ろから声を掛けても、聞こえたのか聞こえないのか振り向きもせず先へ行く。とうとう夫の姿が見えなくなってしまった。一本道だから迷うことはないだろうが、姿が見えないと心細い。急ごうにも脚が思うように動かない。マイペースで行くしかない。

左にカーブしたところでザックを下ろし、倒木に腰かけた夫が、

「ここで休憩にしよう」

と待っていた。

レモンを切って半分ずつしゃぶる。家ではとびあがるほど酸っぱいレモンも山では不思議と酸味を感じないばかりか、口中を程よく刺激して疲れを取ってくれる。

谷から吹き上げてくるひんやりとした風に汗が引く。

元気を取り戻して、再び歩きだす。ジグザグの単調な急坂はいつ終わるともなく続く。また汗が滝のように流れだす。シャツがじっとりと濡れる。

登り始めて三時間ほどたったころ、初めて降ってくる四〇代半ばと思われる二人組に出会った。

「こんにちは、尾根はもうすぐですよ。頑張ってください」

と言ってどんどん降って、姿が見えなくなった。

尾根はもうすぐだ。もうすぐだ……しかし、二〇分も三〇分も登りは続いた。

やっと道標の立つ尾根道へ出た。座れそうな場所を見付けて昼食にした。このころから前常念岳の山肌をガスが流れ始めた。

二二〇〇メートルの三角点を過ぎ、積み重なる岩にペンキで記された黄や赤の矢印を辿った。キバナシャクナゲやミヤマダイコンソウに励まされるように、いくつもの急な登りを乗り越えた。周りを岩で囲まれた前常念避難小屋の赤い屋根が見えてきた。

小屋は閉ざされていた。

「この上が前常念岳の頂上だ」

と言われても、どうせ展望もききそうもない頂上に登る気にならない。

「これじゃあ頂上に上がっても何も見えんだろう」

山肌をガスが忙しく流れた。振り返ると、ガスの切れ間から時折、蝶ヶ岳が姿を見せている。

常念小屋へ直行することにした。

前常念の裾を回る横手道を行く。ハクサンイチゲ、チングルマ、コイワカガミ、ミヤマキンポウゲ、シナノキンバイなどが群れ咲くお花畑の脇のなだらかな道は、急ぐのがもったいなくて、つい止まり、しゃがみこんでお花を見てしまう。思わぬ時間をとってしまった。

一六時、やっと常念小屋に着いた。

常念小屋は標高二四五〇メートルの小広い岩屑の鞍部、常念乗越《じょうねんのっこし》に建てられていた。小屋の前の道を南に行けば、常念岳から蝶ヶ岳に通じ、北へ向かえば横通岳、大天井へ至る。

玄関を入ると「お疲れさん」と、小屋の主、山田恒夫さんが笑顔で迎えてくれる。

掃除の行き届いた明るい山小屋にほっとする。

「予約してお願いしていた岡山の小坂です」

「個室ということでご予約いただいておりますが、お客さんが混んでくると相部屋をお願いするかも知れません。ご了承ください」

「はい、それは承知しています」

受付を済ませると長い廊下を通って小部屋に案内された。六畳ほどの畳敷きの部屋だった。隅に五、六人分の布団が重ねられていた。

ザックを下ろし、奥によせて二人分の布団を敷いて、荷物を整理していると、

「こちら二人、相部屋お願いします」

従業員に連れられた我々より少し若い夫婦が入ってきた。相部屋にするほどの客はいそうもないのに。

「宜しくお願いします」

二人はちょこんと頭を下げた。

明日は常念岳から蝶ヶ岳へ向かうそうだ。わたしたちが常念岳を往復して、大天井小屋に泊まり、あさって、槍ヶ岳へ登るのだと言うと「ぼくらもいつか槍に行きたいな」と何度も繰り返していた。

食堂で「アルペン・アートフラワー展」をしているというので見にいった。材料は絹か化学繊維

かと思われる布で本物そっくりに造られていた。コマクサとコイワカガミのほかにどんな花があったのか思いだせない。

夫は見たのか見なかったのか、わたしをおいて食堂の外に出ていた。

食堂から張り出したベランダからの展望の素晴らしさに息をのんだ。鋭い鉾が天突く槍ヶ岳から左へ比較的なだらかな大喰岳、中岳、南岳の峰々が続き、深く落ちる大キレットまでの稜線が真正面に一望できる。

「槍に乾杯！　天国だ」

と、夫は一人ベンチでビール片手にご機嫌だ。いつまでも立とうとはしない。

「お客さん、お食事できましたよ」

木造りの広々とした食堂。山の食事とは思えないご馳走だった。

食後、小屋の外に出た。W・ウェストンが『日本アルプスの登山と探検』の中で、「優美な三角形の常念岳」と言っている通りの常念岳がすっかりベールを脱ぎすて、優しく美しい二等辺三角形の姿を見せていた。

小屋の屋根の向こうに、暮れなずむ北アルプスの稜線が二つ。手前に赤岩岳、西岳が群青に横たわり、その後方に槍ヶ岳、大喰岳、中岳、南岳、大キレット、北穂岳が紅に染まり、やがて赤味の底に紫が匂い立つように湧きだし、刻々とその鮮やかな色は薄れ、消えて、滅紫と言われる鼠色になっていった。夕暮れ時の寂しい色になってしまった。まるで、色が織り成す交響曲を聴いているように澱みなく曲は進み終わった。

寒くなったので部屋に戻ると、相客はもう休んでいた。二人は次の朝、まだ明けきらぬうちにそっと、ドアを閉めて発っていった。

四時半過ぎ、わたしたちはシャツの上にセーターを重ねて部屋を出た。小屋の前にはもう一〇人余りがご来光を待っていた。林立したケルンの間にいくつもの三脚が立っている。

ちょうど五時、東の雲海は茜色に染め尽くされ、その一点が燃え、陽が生まれた。生まれた陽は膨らみながら、昇っていく。カシャ、カシャ……忙しくシャッターが鳴る。

振り返ると後方の槍、穂高連峰がスポットライトに照らされてバラ色に輝き始めた。

北アルプスの広大な舞台いっぱいに照明は広がり、今日という幕が上がった。透き通るような青い空が頭上いっぱいに広がった。

ザックを小屋に預けて常念岳に向かった。岩塊の急な登山道をゆっくりと登ること一時間。小さな祠と風景指示盤のある二八六七メートルの山頂に着いた。岩の累々と積み重なった頂上は一〇畳ほどはあろうか。

三六〇度、何物にも遮られることなく、北アルプスの名だたる峰々は無論のこと、遥か中央アルプスまでも望めた。

夫は風景指示盤にしがみ付いて、周りの頂の名前を確かめるように見ている。頂上で二、三枚写真を撮ると、すぐに降りる人もいる。もっとゆっくりして、この絶景を楽しめばいいのにと思うのだが、人れぞれに急ぐ事情もあるのだろう。

というわたしたちも三〇分ほどで、心を残したまま超一級の展望台を後にした。

小屋に戻って一服。ザックを背負っていざ出発。

横通岳中腹のなだらかな道を行く。槍・穂高の大パノラマを左に、足元に咲くコマクサ、イワギキョウ、タカネツメクサなどを愛でながら、贅沢この上ない山上散歩だ。大天井へのハイマツを切り開いたトラバースの道でも沢山の花が迎えてくれた。イブキトラノオ、ハクサンフウロ、ミヤマウスユキソウ、ウサギギク、ミヤマキンポウゲ、ミヤマダイコンソウ、ツガザクラ、ハクサンイチゲ、それぞれに個性的な花姿と色彩で力いっぱい命の歌を謳っている。山上の「お花畑」とはよく言ったものだと思う。登り始めた頃に比べれば、お花の名前も大分分かるようになったが、まだまだ知らないお花のあることを残念に思う。ポケット図鑑でよう見付けていないものもある。

雪渓の上に上がるとなぜか飛び跳ねたくなる。齢を忘れて遊び、ひょっこり現れるライチョウの親子に興奮し、大天井荘へ。更に喜作新道を大天井ヒュッテへ向かう。途中の鎖場も難なく通過し、学校の木造校舎のような大天井ヒュッテに一五時二〇分着。もはや大勢の人が到着していて、外のベンチの周りで食事の用意をしているパーティーもある。

わたしたちは一階の奥のコーナーに案内された。すでに年配の夫婦が休んでいた。

山小屋の朝は早いが夜も早い。夕食が済むと、一八時ごろから布団に入る。なかなか眠れないまま目を瞑っていると、いつの間にかうつらうつらしていた。

玄関の方がなにやら騒がしい。耳を澄ますと、このヒュッテに向かっている人がまだ着いていないといっている。窓の外は真っ暗だ。途中にあった鎖場は暗い夜道では危険だろう。ヒュッテの人たちが、神経を尖らせている様子が、廊下を伝わってくる。手にてにライトを持った人たちが小屋を出ていった。ベッドのあちらこちらから心配げなひそひそ話が聞こえる。

時計の針は二二時を指している。

どれほど経っただろうか。玄関が再び騒がしくなった。どうやら捜していた人が無事着いたらしい。厳しい語調で注意を受けている。山小屋を預かっている人たちが、どれほど登山者一人ひとりの安全に気を配っているのかということを目の当たりにして、しばらく寝付けなかった。

五時起床。もうほとんどのベッドはもぬけの殻。さあ、今日はいよいよ夢にまで見た槍ヶ岳へ向かう日だ。天気も体調も上々。靴の紐をしっかり締めて小屋を出た。

朝の清冽な空気の中を、牛首山を巻いていく。ウサギギク、ニッコウキスゲ、クルマユリ、ミヤマトリカブトたちが、首を傾げて朝の挨拶をしている。いくつものパーティーが、「おはようございます」と追い越して、ダケカンバの向こうに見えなくなる。

尾根に出ると槍ヶ岳がぐんと大きく迫力を増して迫ってきた。

二時間二〇分歩いて西岳ヒュッテに着く。小屋のまわりで数人が休んでいた。わたしたちも展望のいいところにザックを下ろす。西正面に東鎌尾根が槍ヶ岳へとせり上がり、中岳、南岳、奥穂高岳、北穂高岳、涸沢岳《からさわだけ》へと連なり、雪を抱いた涸沢カールへ落ちている。後ろを振り返ると、二俣谷の向こうに常念岳が端正な姿で控えていた。

トイレに行っていた夫が、小屋の売店でビールとジュースを買ってきた。が、全然冷えていない。ここのところ好天続きで天水が不足し、飲み水がやっとで、ビールを冷やす水などないのだという。それでも汗をかいたあとのジュースはおいしかった。

ジュースに元気をもらったところで出発。右に大きく曲がって樹林帯の中を急降下する。

「せっかく登ったのに、こんなに降るの、もったいないわね。また登らなきゃならないのに」

と、わたし。高低図を見ていた夫が言う。

「西岳ヒュッテが標高二六九〇メートルで水俣乗越が二四八〇メートルだから、二一一〇メートル降ることになるんだ」

ざれた道、鎖場、梯子などを慎重に降り、水俣乗越を通り過ぎ、小さな起伏をいくつも越えて、東鎌尾根にとりついた。

前を行く夫から「この石は浮石だから踏まないように」とか「躓くな」「スリップ注意」「落石」

「三点確保で」などと、ひっきりなしに指示がとぶ。長い三段梯子をよじ上ったかと思うと今度は痩せ尾根に架けられた梯子が待っている。ハイマツの中の急峻な岩稜を踏みしめて足を運ぶ。

行けどもいけども槍ヶ岳は近づいてはくれない。立ち止まっては呼吸を整える。歩かねばと数歩歩くだけで、脚の疲れからか、何でもない所で躓いてしまう。小さな石に乗って滑ってしまう。

「大丈夫か」と振り返る夫の息も荒い。

歩幅が狭くなりペースが落ちる。が、前に進むしかない。

「よいしょ、よいしょ……」

ヒュッテ大槍を過ぎたころから目の前に聳え立つ槍がぐんと大きく近付いた。立ち止まって振り仰ぐ鋼色の尖塔は、鋭く天を突いていた。

「あと、一時間だ」

「えっ、まだ一時間も……」

まだだと言われて、脚はいっそう重くなる。それでもついて行くしかない。

タカネシオガマが岩間に咲いている。その鮮やかな紅色は三〇〇〇メートルの清冷な空気にはぐくまれた色なのか胸を打つ。小さな花に潜む力に励まされる。頑張らなくては。

わたしはこの花たちに会いたくて苦しい登りに堪えているのだ。

一三時四五分、槍の肩に立つ槍ヶ岳山荘にやっと着いた。

案内されたただっ広い部屋には布団が山のように積み上げられていた。他に客はいないのだから個室にはちがいない。

一休みした後、夫は外に出てみないかというが、わたしはもう一歩も歩きたくなかった。一人広い部屋の片隅で、娘と友人に絵ハガキを書いた。書き終えても夫は帰ってこない。どこまで行ったのだろう。玄関に出て待つことにした。

「おばちゃん、なにしてんの」

「お手紙を出しにきたのよ」

くるくる頭の可愛い男の子に声を掛けられた。

「おばちゃん、だれとお山にきたの」

「おじちゃんと二人できたのよ。大ちゃんは」

一年生の大ちゃんは両親と槍ヶ岳に登ったのだと教えてくれた。そこへ大ちゃんのお父さんが帰ってきた。大柄なお父さんは、大ちゃんが二歳のころから背負い子で背負ってあちこちの山を登っているのだと話した。大ちゃんはお父さんと手を繋いでお母さんの待っている部屋へ小走りで帰っていった。

間もなく夫が帰ってきた。「槍の頂上へ登ってきた」と誇らしげに言う。登るのだったらついていきたかったが、後の祭りだ。

「明日の朝もう一度登るんでしょう」

「そりゃ、登るさ」

明日もいいお天気でありますように。早く寝て早く起きようと部屋に戻ってみるとどうでしょう。向かいの部屋から歓声が上がり、甲高いおしゃべりが続いている。

「あぁあ、今夜も寝させてもらえそうもないわね」

「あれは日本語ではなさそうだよ」

そう言われればそんな気もする。仕方なく布団にもぐっていると、しばらく続いていた騒ぎがぴたりと止んだ。ちょうど二一時だった。

翌朝、しっかり着込んで小屋を出た。黒々と尖った槍の穂先が頭上に威容を見せて迫っている。わたしたちも頂上を目指す縁日のような人の列に加わる。真下に来てみると黒い岸壁は垂直に立っているように見える。岩に取り付けられた鎖を、順番に登っていく。思わず足は震え、歯がガチガチと鳴る。つい弱音が出る。

「もう登るの止めたい」

「三点支持で鎖に頼らず、自分の掌でしっかり岩をホールドして、ゆっくり登ればいいんだよ」

列に入ってしまえば、もう引き返すことはできない。

ヘッドランプで足元を照らしながら、夫の後につく。握った鎖がずっしりと重い。冷たい岩を掌でしっかりと捉え、夫の踏んだ岩をていねいに辿る。

こつがつかめたのか、だんだん体が慣れてきたのか、無心になって登っているうちに、緊張も少しずつほぐれて、思いのほか早く頂上に着いた。

三一七九メートルに立った。大声で「ばんざーい」と叫びたい気持ちだ。

広くも平坦でもない頂上でたくさんの人がご来光を待っている。わたしは、そっと小さな祠に掌を合わせた。登山の無事と好天と、そしてなによりも「お父さん、お母さん行っておいで」といって送り出してくれた娘たちに感謝した。

凛とした一筋の光が大天井の稜線に射し始め、周りの山々が静かに目覚めていった。一昨日歩いた大天井岳、横通岳、常念乗越から常念岳までが輝き始めたと思っているうちに昨年登った蝶ヶ岳が目覚め、遠く雲海に浮かぶ八ヶ岳と富士山、南アルプスまでも。南に向くと、大喰岳から穂高連峰の峰々、その西には笠ヶ岳、遥か彼方に白山。更に右に目を転ずると、黒部五郎岳、三俣蓮華岳、雲の平、鷲羽岳、水晶岳が連なり、北に立山、剣岳が次々にその偉容を見せた。いくつものスポットライトを駆使して大自然の夜明けを演出する神の仕業とはいえ、群雄たちの夜明けは荘厳でドラマチックだった。

わたしはただ立ち尽くし、その光景に言葉も見つからないほどの感動だった。

突然「お願いします」と女性に差し出されたカメラのファインダーの中に並んだ二〇人ほどの中

年のグループは異国の言葉を話している。どうやら昨夜、向かいの部屋から聞こえていた賑やかな声の主は、このグループだったようだ。台湾からだという。御嶽山へ登って、槍ヶ岳に来たのだという。明日は富士山だそうだ。

彼らより一足先に降りることにした。降りは登りとは別のルートだった。足先が見えないぶん、登り以上に慎重になった。

三々五々、色とりどりのザックを背負って槍沢を降りていく人、西鎌尾根を双六岳方面へ向かうパーティー。わたしたちは大喰岳を目指して出発する。前方に穂高連峰、その向こうに煙を吐く焼岳と乗鞍岳を見ながら歩く。振り返ると円錐形の槍の尖塔が、透き通る青い空に眩しい。

大喰岳、中岳を過ぎて南岳の手前を、指導標に従って天狗原へ急峻なやせ尾根をぐんぐん降る。少々足場は悪くても降りは楽だ。

「急ぐな。一歩いっぽ確実に」

お調子にのってぴょんぴょん降っていると、大声でブレーキを掛けられる。

岩のかけらが散らばる斜面を降りると、カールの底に天狗池がつゆ草色の水を満々と湛え、逆さ槍をくっきりと映していた。

静かな湖畔で食事をする。雪渓でほどよく冷やしたみかんの缶詰が実においしい。

「こりゃいい冷え具合だ。うまい。最高、最高。槍に乾杯！　穂高に乾杯！」

夫は缶ビール片手にいい顔をしている。

天狗原から槍沢に出て、一二時二〇分、樹々に囲まれた槍沢ロッジに着く。

梓川の瀬音を聞きながら、ひたすら川沿いに降る。

「ここが槍が見える最後のポイントだ」

わたしは振り返って、緑の樹間遠くに、鋭角の三角錐を見せる槍の姿を、心にしっかりと留めておこうと、立ち尽くした。

槍ヶ岳は、抜けるような藍色の空に屹立していた。

# 雲の平・高天原《たかまがはら》から双六小屋

北アルプスで暴風雨に襲われたことは忘れることができない。

若いころ山登りをしていた夫が、五〇代半ば、山歩きを再開し、わたしも同行するようになって五年目の夏だった。この度も、社会人になった二人の娘たちが留守を引き受けてくれた。

一九八六年七月三一日。岡山を午前九時ひかり二四六号で発って、新大阪で北陸本線に乗り換え、富山下車。更に富山電鉄で有峰口へ着いたのは一五時三〇分を過ぎていた。

その日は有峰口のホテル「おおやま」に投宿した。

八月一日。有峰口からバスで折立まで一時間余り。

雲ひとつない折立からの太郎坂の登りは、登山者で賑わっていた。ブナに覆われたクマザサの急坂を抜きつぬかれつしながらゆっくり登っていった。鮮やかな橙色の花をつけたニッコウキスゲが一面に咲き、コバイケイソウ、ヒメシャクナゲ、イワイチョウが点在する池塘に影を落としていた。

堂々とした薬師岳が裾を引いた広い高原に立つ太郎平小屋にザックを下ろした。

一〇分ほど歩いて小屋裏の小高い太郎山を散策すると、あたり一面を埋め尽くす白いハクサンイチゲ、黄色の蘂を囲む白い五弁のチングルマ、赤紫色のコイワカガミ。厳しい長い冬に耐えてきた可憐な花々は、短い夏を謳歌していた。

翌朝、六時半出発。空は高く爽やかだ。靴の紐をぎゅっと結んで、一気に四〇〇メートルを降った。小さな源流をいくつか渡り、ふわふわの白い玉をつけたワタスゲが風にそよぐ湿地を過ぎ、カッパが住んでいたという「カペッケが原」というところを通って、薬師沢の流れに沿って下っていくと、勢いよく流れる瀬音が聞こえてきた。瀬音の主は黒部川本流だった。

黒部川と薬師沢が合流している所、切り立った断崖の上に薬師沢小屋が立っている。よくこんな所によく建てたものだと感心してしまう。

山奥の沢でありながら広く、白い花崗岩ということもあってか明るい。

川原に降りると、清冽な流れは足早に川下に去っていく。流れで冷やしたビールとジュースで一息つくと、いよいよ登り。

吊り橋を渡り薄暗い樹林帯の中へ。湿っぽい岩塊の重なる急坂が続く。岩角に手をかけ、地表に出た木の根を掴み、滑らないようにゆっくり高度を上げていく。ザックを背負う背中がぐっしょり濡れる。後から登ってきた人に立ち止まって道を譲るその僅かな時間が呼吸を整える小休止となる。

三時間半、ひたすら登って樹林帯をぬけると、ようやく雲の平台地の西端「アラスカ庭園」と呼ばれるところに取り付いた。ハイマツの緑が目に染みる。草と岩塊を踏んで進むと、ハイマツと池塘が絶妙に調和した「日本庭園」だ。広大な溶岩台地をぐるっと囲む山々に、白い雲が湧き、八月の太陽がギラギラ照りつけていた。

東と西には祖母《ばば》岳と祖父《じい》岳が乳房のように盛り上がり、その真ん中に手つかずの自然を一人占めするように赤い屋根の雲の平山荘が立っている。「雲上の楽園」という形容にふさわしい景観が拡がっていた。

小屋は木造二階建て。一階は食堂、調理場、乾燥室などで、二階の二〇〇人収容できる大広間の中ほどが、その夜のわたしたちの寝場所となった。荷物を下ろして、汗で濡れたシャツや靴下を、柱と柱に結びつけたロープに干した。

夫は一階のベランダで休憩してくると一人で降りていった。荷物の整理などをしていると、戻ってきた夫が、

「カモシカが二、三〇メートル先を走ったのを見た」

と、自慢げにいう。

「わたしも見たかったなあ」

夕刻前、小屋の周りがにわかに暗くなって、雨が降り出した。窓の先の黒部五郎岳に挑む稲妻と轟く雷鳴が物凄い。雷の大嫌いなわたしは、息をこらして布団にもぐった。

夕食時、食堂で単独行の女性と隣り合わせた。同年配の細面の彼女は「今日は、薬師岳に登ってきたのよ」と言っていた。一人で山登りできる心意気を羨ましく思った。

八月三日の早朝、ザックを小屋に預けて祖父岳を往復した。

二八二五メートルの広い頂上にはケルンが林立し、大勢の人たちが眺望を楽しんでいた。

北に朝日を受けた薬師岳、赤牛岳、五色ヶ原。東には水晶岳、ワリモ岳、鷲羽《わしば》岳が逆光に黒く迫る。鷲羽岳の稜線が緩やかに落ちて、三俣蓮華岳に続くその奥に、あの槍ヶ岳がひときわ高く天を指している。更に黒部五郎岳、北の俣岳、大郎兵衛平など懐かしい山、いつか登ってみたい山々が、何物にも遮られることなく手に取るように望めた。

祖父岳を降りて、小屋に戻って荷物を受け取り、高天原へ向かう。

お花畑の間に付けられた木道を歩き、雪渓を渡り、オオシラビソ、ナナカマド、ダケカンバの足元の湿原に咲くハクサンフウロ、イチリンソウなどを楽しみながら急坂をいく。

岩苔小谷《いわこけおたに》の透明な流れに架かる橋を渡ると、ワタスゲやニッコウキスゲが一面を埋め尽くす湿原、周りを針葉樹に囲まれたいかにも秘境の名にふさわしい静かな高天原の一角に高天原山荘は立っていた。

荷物を置いて、藍染めの作務衣に豊かな髭をたくわえた小屋の主人に温泉への道を訊いた。

小袋にタオルと着替えを入れて、山道を往くこと一〇分。硫黄のにおいが漂う沢に下って行くと露天風呂はあった。手前が男湯、女湯は丸太の橋を渡った谷川の向こう側だった。

板囲いをした小屋の中から話し声が聞こえてきた。板戸をノックすると「どうぞ」と、女性の声が返ってきた。「お願いします」と、そっと戸を開けると、白い湯気の中に、ぼんやりと二つの影があった。乳色のお湯が湯船から溢れていた。

肩まで温かいお湯に浸かった。フウッーと一息して手足を思いっきり伸ばした。節々が緩み、皮膚がやんわりと、体の芯からほぐれ、疲れが抜けていくようだった。三日分の汗をすっかり流した。

ランプの柔らかな灯りの下での夕食は、豆腐の味噌田楽、山菜の天ぷら、おいしい漬物に温かい味噌汁。

「アザミの天ぷら初めていただきました。とてもおいしかったです」

みなさんに喜んでいただくのがわたしたちの仕事ですから、という髭の主人は、

「アザミの葉、その日のお客さんの数だけ摘んでくるんです。暇なときには岩魚を釣ってきてお出しできるんですが。この混雑ではできません。お客さんと一緒に釣ることもあるんです。ええ、もちろん一人一尾あてしか釣りませんがね。九月の初めごろまたお出掛けください」

色々な話を聞いていると、自然の中での暮らしの豊かさと、それを守るきびしさが伝わってきた。テレビも電話もないランプの小屋の夜は早い。灯りの下で本を読むこともできない。

消灯前に布団に入った。

「あめ、あめ、低気圧……」

どこからともなくそんな声がして目が醒めた。あたりはまだ暗い。

「えっ、うそ」昨日まであんなに空が高かったのに。「でも……、もしかして……」不安がよぎる。懐中電灯で時計を見ると三時を少し回ったところだった。なんとなく空気が湿っぽい。本当に天気は崩れるのだろうか。嫌な予感はあったが、まだこの時点では、嵐になるなどということは予想だにしていなかった。雨が降れば合羽を着ればいいさと、呑気なことを考えていた。まだ眠い。また目を瞑った。

懐中電灯の小さな光がふたつ、みつ……忙しく動く。急いで身支度をして発っていく人たち。じっとしていられなくて、わたしたちも起きることにした。

五時に食堂にいくと、カウンターの上に置かれた小さなラジオが、台風一〇号が北上していることを伝えていた。悲鳴とも溜息ともつかぬ声が起きた。

「どうしますか」

「うん、双六小屋を予約しているからなあ」

「みんな発ってるんだし、いきましょう」

「ワリモ岳、鷲羽岳の縦走を止めて、岩苔乗越から黒部源流を下ることにしよう」

それがどんなコースなのか知らないわたしは夫に従うしかない。予定のコースを変更して、双六小屋まで行こうということになった。

六時半、とうとう降りだした。

雨具を着て霧雨の中へ出ていった。いっとき空が明るくなった。振り返ると、薬師岳の稜線も見えてきたので、道を少し離れた水晶池へ寄った。

だが、また小さな雨粒が湖面に落ちて輪を描いた。先を急がねば……。

単調な暗い樹林の間に鮮やかな赤や青の雨具がいくつも見え隠れしていた。

赤茶けた岩屑の斜面を直登。岩苔乗越の鞍部には小さな指導標が立っていた。天候さえよければ鷲羽岳と指されている方へ進むはずだったが、この悪天候では無理。鞍部を乗り越えて黒部源流に沿って下る。

風が出てきた。雨も強くなった。いく筋もの細い流れが生まれ、しだいに水量を増していく。泥水は小石を咬み、急いで駆け下りていく。靴がずぶ濡れになった。滑らないように一歩いっぽ水溜りを避けて小沢を下る。手が冷えて、そのうち感覚がなくなった。色鮮やかなシナノキンバイの黄金色もちらっと横目で見るだけでひたすら歩いた。

雨は時折弱くなったかと思うとまた激しく雨具を叩きつける。一瞬ガスが流れて視界が開けると、無意識のうちに人を探している。が、人影はどこにもない。あれほど歩いていた人たちはどこへ行ってしまったのだろう。心細さがつのる。

岩苔乗越から下ること一時間余り、左に折れて鷲羽乗越への登りにかかる。ザックがずしりと肩に食い込んで重い。降りしきる雨の中、谷沿いの急坂の登りは容易ではない。注意深く歩を進め、予定時間を大幅に過ぎた一二時三〇分、三俣山荘へようやく着いた。

昼時というのに食堂には人っ子ひとりなく静まりかえっていた。ドアを細く開けると、ストーブの火だけが赤々と燃えていて、休業ではないと胸を撫で下ろしたのだった。

びしょ濡れの雨具を脱いで、ドアを押した。「こんにちは」と、何度も大きな声で呼んでいると、「はあい」と低い声が奥の方から返ってきた。しばらくすると、アルバイトと思しき青年が出てきた。

「なにか、温かいものできますか」

「カレーとラーメンぐらいしか……」

「じゃ、ラーメンお願いします」

「それから、ワンカップ、熱燗でひとつ」

ビールともいかない夫は、熱燗で温まろうという算段らしい。

青年は無愛想に注文を取っていった。どうやらこの天候では客もなく、開店休業、従業員は骨休めと決め込んでいるところへ、突然おかしな客が舞い込んできたということだったらしい。

ストーブのそばの長椅子に腰を掛けて、ちろちろ燃える火を見ていると、頭がぼうっとして、顔がほてりだした。

濡れてほどけにくくなった靴紐を、かじかんだ手で解いて登山靴を脱いだ。靴の中に溜まった水を捨て、靴下を絞ってストーブを囲っている金網にかけた。白い湯気が昇る。指先がじいんとして、手の感覚が少しずつ戻ってきた。頭の先から、シャツやズボンからも水蒸気が立ち昇る。ストーブの金網にくっついて暖をとり、熱いラーメンを食べ終わるころには、体の芯も温まった。

人心地ついたところで、まだ湿っている靴の紐を締め直し、再び雨の中へ出ていった。

地図によると、三俣蓮華山荘から双六山荘までは整備された比較的緩やかな巻道が通っている。槍ヶ岳や鷲羽岳の眺望を望むことはできないが、さほど苦労なく行けそうに思っての出発だった。

しかし、外はいっそう激しい吹き降りになっていた。山肌を吹き上げてくる風雨は容赦なく襲いかかる。突風をもろに受けて体がふわっと浮いて足を取られそうになる。四五キログラムそこそこの二人はお互い体を丸めて抱き合い、脚を踏ん張って風のおさまるのを待った。

雨具のフードを伝って滝のように落ちる雫と涙と鼻水を拭ってもぬぐっても顔はすぐびしょぬれになる。それを拭う力もなくなってしまう。

ゴム引きの雨具を通した雨に、体は冷え、歯がカタカタと鳴る。

「寒い」

弱音を吐いたことのない夫の顔色が真っ青だ。皮下脂肪のない夫は、寒さが相当こたえているらしい。

「なにか着ますか」

傘をさしかけてザックの中からジャンパーを取り出そうとするのだが、傘が風に煽られ、傘の骨が曲がってしまう。ハイマツの陰でなんとか着ることはできたが、もう下着まで凍みていて、寒さを防ぐなんの足しにもならない。

一刻も早く山小屋へ入らねばならないと気ばかりが焦る。猛り狂う風雨に向かって頭を低くし、体を斜めにしたままの姿勢では思うように進めない。

この自然の猛威の前にわたしたち人間の存在のなんとちっぽけなものか。一歩間違えば押しつぶされてしまう。……ふっと「もうだめだ」とよぎる言葉をぐっと飲み込む。「しっかり、しっかり」と心の中で唱えながら進む。

巻道が終わり平坦になったところに出たがそこで道がなくなった。視界は一、二メートルしかない。踏み跡は雨に洗われてない。どっちへ進めばいいのだろう。行き交う人も追い越す人も全くいない。

ガスの中で「オーイ」「オーイ」と声を掛け合いながら、踏み跡はないかと探す。

「だめだ、ここも行き止まりだ」

行く先がわからないというのがこんなにも心細く怖いことだったのか。慌てて動きまわって遭難するのはこんなときなのか。だからといって、じっとしてはいられない。じっとしていると体はどんどん冷えるばかりだ。

風に吹かれるままに、進行方向ではないと思っていた小高いハイマツが群生している場所に押しやられたときだった。足元に黒いパイプが現れた。「アッ」これは山小屋へ雪渓から水を引いている管ではないか。小屋は近いはずだ。わたしは夢中で叫び続けた。

「水道管、水道管が見つかったよ」

黒いゴム製の管を辿っていくと、下の方からポンプの音が聞こえてきた。ガスの中に赤い屋根が現れるのにさして時間はかからなかった。

双六小屋に入ると、岩苔乗越から一人の登山者にも会わなかったのに、小屋の中は人いきれでむんむんしていた。夫は、受付で小屋の主人と掛け合っている。

「この有様で、テントの人たちもみんな収容しているので、予定していました個室もいっぱいなんです。特別室なら空いているんですが、追加料金を払っていただければ……」

いっときも早く温かい部屋に落ち着きたかった。

「こんな所ですが」

と、案内された畳敷きの部屋は、暖房もしていないだだっ広い物置のような部屋だった。

濡れた雨具と靴を乾燥室へ持って行っている間に、石油ストーブが運び込まれ、長机や段ボール箱が片隅へ積み上げられて、部屋の中ほどが広くなっていた。

それまでの緊張がいっぺんに緩んだのか、へなへなとストーブのそばに座り込んでしまった。

着替えなければとザックを開けると、中まで濡れている。ザックカバーを被せていたのだったが、背中を伝った雨水が浸み込んでいったらしい。ザックの底にも水が溜まっていた。かろうじてビニルの袋に入れておいた下着とティーシャツ、トレーニングパンツだけが助かった。

着替えを済ませて、柱にロープを渡し、濡れている物をみな吊るした。そこへ夫が売店から温かい缶コーヒーを買って戻ってきた。

「台風一〇号が長野県を直撃するそうだ。『明日の昼過ぎまで行動不可能だ』と主人が言っていたよ」

直撃という言葉が強く胸に刺さった。

そんな日に山を歩くなど、無謀なことだ。

掌に温かい缶を包んで頬におしあてた。じんわりと胸まで熱くなった。

食後、すぐに布団に入った。山小屋の寝具にしては上等で、からっと温かく気持ちよかった。

ふんわりした毛布に体をうずめると、苦闘の一日が信じられない出来事のように思われた。

窓の外はいつまでも風雨が荒れ狂っていたが、わたしは疲れのあとの安堵感にすっぽりと包まれ、いつしか深い眠りに落ちていた。

次の朝、風はいくらか治まっているようにみえたが、雨は止みそうもなかった。

遅い朝食のあと、槍ヶ岳への予定を取りやめて、小雨の中を新穂高温泉へ下りることにした。

雨具は着ていたが、昨日のような雨ではなかった。雪渓を渡り、かわいいひなを連れたライチョウと遊び、しっとりと濡れた高山植物を愛でながら、小池新道を降った。

秩父沢の川岸に出たころ、やっと薄日が射し始めた。

台風は静岡から関東地方へ振って、東北地方で熱帯低気圧に変わったと平湯温泉の宿で聞いた。

# 白馬岳《しろうま》

五〇歳を過ぎて、しばらく休んでいた山登りを再開した夫に私もついていくようになった。夏休みに一度の遠出の登山も何年か続いていた。二人で、北海道大雪山の旭岳、黒岳を初め、東北の山々、北アルプスのいくつかの頂上に立った。

週末は、地元の操山や竜の口山、連休や短期の休暇には県北の一〇〇〇メートル級の山々、隣の県の大山などに出掛けていた。

ところが夫は、一九八七年の春の職場の集団検診で腫瘍が見つかり、岡山大学病院第二外科で右肺の三分の一を切除した。夫にもわたしにも癌告知はされなかった。

当時はまだ癌、特に肺がんの治癒率は低く、癌告知も一般的ではなかった時代だった。

手術後、大学病院の第二内科の教授をしていた夫の友達が、

「リンパまできれいに取れたそうです。悪いもんは早く取ったほうがいい」

と、言われるのを聞いて、やっぱり癌だったのだと合点したのだった。夫が自分の癌を知ったの

はいつだったのか。

わたしは、夫に癌だと気付かれないようにと、明るく振る舞うように努めた。が、夫を欺いているようで、それはそれでしんどかった。命だけでも助けてほしいと祈る毎日だった。

体に繋がれた何本もの管が一本、また一本ととれ、ベッドから下りることができたといっては喜び、トイレまで歩いて行けたと胸を撫で下ろした。

そのうち、退屈しのぎにベッドの上で山の写真集を広げるようになった。それを見た山好きだという看護婦さんが、

「小坂さん、早く元気になって山に登ってくださいよ」

と、励ましてくださるのだったが、わたしは山に登るなどということは考えられなかった。

ところが、退院の話が出るころになると主治医に、

「いつごろから山に登れるようになりますか」

と、訊いている。夫は本気でそうなるときを待っていたのだった。

「夏になれば大丈夫ですよ。まあ一五〇〇メートル位までならば」

主治医の言葉に大喜びした夫は、建物の中だけだった歩行練習を、建物の外に伸ばし、病院の庭を一周する朝の散歩をいっそう励むようになった。入院のころ咲いていた八重桜も、濃い緑陰をつくっていた。

「元気になったら、また山に行くんだ」

と、病室を訪れる看護婦さんやお見舞いに来てくださる方々を驚かせていたが、それはまた自分の気持ちを奮い立たせるものだったのかもしれない。

「今年の夏は一五〇〇メートルまでと言われたが、なあに、そのうちにまた日本アルプスにだって」

と、退院後は朝涼しいうちに近くの百間川の堤防を歩き、夏休みには蒜山の山麓歩きをし、二学期から社会復帰した。

日曜日は近くの操山に登って、自信をつけた。しかし、薬の副作用で食欲がなく、思うように体力はついてくれなかった。

一年が過ぎ、薬から解放されると食事も進むようになり、いよいよ待望の北アルプス行きの話が出るようになった。

「白馬に行こう」

平素、未踏の山、もう一度登りたい山や高山植物の写真、ガイドブックを広げて机上登山を楽しんでいたわたしが、

「白馬岳のお花畑が見たい」

と、言ったことがあった。まだ夫が病気になる前のことだ。

「白馬は登山道も山小屋も整っている易しい山だ。そのうちに連れて行ってやるさ。体力のあるう

ちにもう一度南アルプスに登りたい」

と、言っていたことを覚えていたのか、白馬岳にいきなり行こうと言い出した。不安がなかったわけではないが、ここで後に引いたら、もう何時までも何処にも行けなくなるかもしれない。途中までもいいから行こうと決心した。

白馬岳は立山や剣岳などが山岳信仰の山だったのに対し、狩猟、薬草の採草、木の伐採など、生活上の必要から山麓の住人が入った山だった。

「白馬岳」を「しろうま」と発音するか「はくば」と発音するか、よくわからない。

越中、越後、信州の三つの国境にまたがる白馬岳を、越中の人々は「上駒ヶ岳」と呼び、越後側では白馬連峰の山並みを仏像の蓮華の座に見立てて「大蓮華山」と呼んでいた。が、信州側では呼び名はなく白馬連峰をまとめて「西山」などと呼んでいた。これが、白馬岳と呼ばれるようになったのは、信州側斜面に、春になると馬の雪形が現れることから、農家ではこれを「代かき馬」に見立て、田植えの準備を始める目安にしていた。代かき馬の現れる山が代馬岳になり、明治三〇年ごろから白馬と書くようになり、大正末期から呼び名も「しろうま」から「はくば」になっているというが、今でも「しろうま」と言う人は多い。村は「はくば村」というらしい。夫はというと「しろうまだけ」と言う。

一九八八年八月一日。二年ぶりの北アルプスである。憧れの花の山、白馬岳に向かった。

ＪＲ大糸線白馬駅で下車、バスで西北へ四〇分、登山口の猿倉に着いた。バスの終点にある猿倉小屋に泊まる人もいるが、わたしたちはひとつ先の白馬尻小屋を予約していた。

ブナやトチの間の林道をゆっくり登っていく。途中、鑓温泉への道を左に分け、小沢を渡り、沢に沿って一時間余り行くと目的の小屋に着いた。白馬尻小屋は登山道を挟んで左右二棟になっていた。

受付を済ませ案内された蚕棚にはすでに先客のザックが置かれていた。荷物を下ろして一休みしていると、小学生の男の子二人を連れた親子が戻ってきた。「よろしくお願いします」と頭を下げると「はあ」と、無愛想な返事が返った。その後はお互い言葉を交わすこともなく、隅に寄って寝ることになった。が、窮屈で寝返りもままならず、そのうえ、早く寝た人の物凄いいびきが耳に障ってなかなか寝付けなかった。この一年余りの間、一喜一憂して過ごした諸々のこと、明日の登山のことなどが頭の中を駆け巡り、目が冴えてしまった。

ガサガサ、コソコソ……。親子連れが発つ気配に目が醒めた。懐中電灯で時計を見た夫が「まだ三時だ」という。いくらも眠ってないので眠い。「もう少し寝よう」それから二時間余りとても気持ちよく眠れた。

五時起床。天気は晴れ。

小屋の中はもうほとんどの人は発った後だった。それでも食堂へ行くと列ができていた。しばらく並んでの食事だった。

「アイゼン、レンタルします」と書かれた周りに人が群がっている。

「わたしたちも借りますか」

「いらんいらん、かえって邪魔になる」

色々なものを持ったり付けたりすることの嫌いな夫は取り合ってくれない。

「キックステップで登りゃあええんだ」

と言われて、スキーに行ったときの雪山歩きのように、つま先を雪に蹴りこんで登ればいいのだと、わたしもその気になった。

六時四五分、登山届を出して出発。メボソムシクイの声を聞きながら、灌木帯の中をゆっくり登って行く。まもなくケルンが立つ場所を過ぎると谷を埋め尽くした大雪渓が現れた。

「わぁ、すごい」

思わず叫んでしまった。

左右から突き出した枝尾根、雪渓の上を列になって登っていく登山者の列、その先の主陵線の上は抜けるような紺青の空があった。

「全長約二キロメートル、標高差六〇〇メートル、谷の広い所の巾は一〇〇メートルはあるそうだ」

「でも、雪、いがいと汚れているのね」

わたしは真っ白な雪を思い描いていた。が、雪渓に踏み込んでみると、鱗状になった雪面は薄汚れていた。

「こういうのをスプーンカットと言うんだ」

なるほどスプーンで掬ったような窪みが一面に波打っていた。

「この窪みにつま先を蹴りこんで」

と、夫が雪渓歩きの見本を示す。窪みは登山靴を載せるのにちょうど都合よくできていて、こつはすぐつかめた。夫の踏み跡を辿る。

立ち止まって息を整えている傍を、頭を覆うほどの大きなザックを担いだ山男が「お先に」と追い越して行く。わたしのザックの三倍も四倍もあろうか。今回、わたしのザックは八キログラム余り、夫は六キログラム。夫の荷を最小限に減らしてきたのだった。

三合雪渓といわれるあたりに「落石注意!」のペンキ文字。足元の雪の上にも大小の岩屑が転がっていて、ゴロゴロ……、左手の山肌を転がる石の鈍い音が時折響く。ガイドブックに「落石事故に遭わないよう雪渓は速く通り過ぎなさい」とあったことを思い出した。それなのに夫は「一時間歩いたから休みにしよう」と言う。

仕方なく腰を下ろしてチョコレートをかじっている間もお茶を飲んでいる間も油断はできない。音のする方を振り仰ぐと、岩塊が転がっているのが見える。

二〇分の休憩の後、再び歩き始めてほどなく夫の速度がぐんと落ちた。両手を腰に当て、視線を足元に落として、一歩……一歩……。

「苦しいのですか」

「空気が薄い」

どうしよう。これ以上無理だろうか。夫に何かの異変は起きていないか、どんなサインも見逃すまいとしていた。

主治医に言われた一五〇〇メートルはとっくに越えているはずだ。頂上まで行けないかもしれない。……でも、ここまで来てお花畑を見ないで帰るのは悔しい。いや、それよりも一年間「山に登りたい」という一心で頑張ってきた夫を何としても頂上へ立たせてあげたい。

祈りながらまた雪渓を踏んだ。

ガスが去来し始めた。あれほどくっきり見えていた稜線が見えなくなった。さっき追い越していったパーティーがもうガスの中に見えなくなっている。わたしたちだけが置き去りにされていくようで心細くなる。

「きついんなら、もう登るの止めますか」

「いや、ぼつぼつ行く」

本当にゆっくりだった。相変わらず落石の音が不気味に響く。こんなにゆっくりだと、落石に直撃されても身もかわせられない。それでも夫は何かにつかれたように五歩行っては立ち止まり、六歩進んでは深呼吸をしている。「もう駄目だ。引き返そう」といつ言い出すか分からない夫の後ろから、夫が止れば止り、進めば同じ歩幅で進む。足場の悪い所で停止すると、アイゼンのない雪面では滑りそうになる。気が抜けない。

揃いの紺色のトレーニングウェアを着た中学生の一団が、教師に引率されて、上から降りてきた。口々に「おはようございます」と元気に過ぎていく。見れば、みんなスニーカーの上から荒縄をぐるぐる巻きにして結わえている。簡易アイゼンだ。わたしも縄でも持ってくればよかったと思う。中学生が通り過ぎた後に縄の切れはしが落ちていた。わたしはそれを拾って登山靴に巻きつけてみた。歩いても止まってもなかなか調子いい。片足だけでもずいぶん楽だった。

「これはいい。もう一本どこかに落ちていないかなぁ」

と、独り言をいうわたしを振り向いて笑った夫の顔色が思ったよりよかった。体が高度に慣れてきたのかもしれない。この調子だと行けそうだ。

九時四〇分、ようやく葱平《ねぶかっぴら》に取り付く。石造りの避難小屋の周りで何人もの人が休んでいた。わたしたちもザックを下ろした。

オレンジを食べ、瀬音を立てて駆け下りる小沢の流れでジュースを冷やして飲んだ。

今を盛りと咲くハクサンイチゲ、シナノキンバイ、オタカラコウ、ヨツバシオガマ、ハクサンフウロなどの花々に出会ったが、葱平の地名になったと言われるシロウマアサツキにはとうとうお目にかかれなくて残念だった。

ここからの登りはきつかった。寝不足がたたったのか、ばてぎみだ。お腹も空いてきた。一〇時五〇分、小尾根を登り切ったところの岩陰で昼食にした。食事と休憩で一時間。こんなにゆっくり休んでいる人など他にはいない。幾人もの人が「こんにちは」「こんにちは」と靴音高く通り過ぎる。腹ごしらえができたところで行動再開。

クレバスが大きな口を開けている小雪渓をトラバースすると、次はざれた急坂になった。

「よいしょ、よいしょ……」

マイペースで少しずつ高度を稼いだ。山肌を舞っていたガスが晴れると、杓子岳が目の高さに近づいていた。

「特別天然記念物・白馬岳高山植物帯」の立札が立っているあたり一面お花畑は広がっていた。まさに自然が創ったロックガーデンだ。羊群岩の間を埋め尽くす緑の褥にちりばめられた白、黄、橙。薄紅、紫……。さすがは「花の白馬岳」と言われほどのことはある。

登山道の両側に張られたロープは目障りだが、花の保護には仕方ないのだろう。

「あっ、小屋が見える」

「あれは、村営頂上宿舎で、われわれが予約しているのはもう少し上の白馬山荘だ」

行ってもいってもまだその先に登りは続いた。

村営頂上宿舎で一〇分ほど休憩。小屋前の石垣に腰かけたり、ベンチで三々五々憩っている人たちがいる。いいなぁ。わたしたちもここにすればよかったのにと思う。

この小屋では夏の間、白馬山頂郵便局が開業しているのだという。が、はがきなど書く余裕などない。

頂上宿舎を後に稜線まで登ると、行く手に白馬山頂、その南西直下標高二八三〇メートルに木造二階建ての三棟からなる白馬山荘の姿が現れた。

非対称山稜といわれる白馬岳の姿は個性的だ。信州側は頂上から急角度に切れ落ち、越中側は緩やかに裾を引いている。天に向かって首をもたげて吠える獅子の頭のようにも見える。足元では、岩陰に身を寄せて咲くタカネツメクサが、か細い体を精一杯振るわせている。もうきつい登りはなさそうだ。

一四時三〇分、白馬山荘到着。白馬尻小屋を出て七時間四五分。普通のコースタイムの二倍近くかかった。でも、わたしたちには時間は問題ではなかった。

部屋に荷物を下ろして山頂を目指す。ハイマツの間のざれた道を登る。すぐそこに見えた頂上になかなか着かない。

「空気が薄い」

と、夫は何度も立ち止まって、肩で息をしている。わたしは嬉しさのあまり、脚がどんどん前に出る。後一〇メートル、九メートル……もうここまで来れば手を引っ張ってでも押し上げてでも二人で頂上に立てる。

踏み出すごとに石灯籠のような風景指示盤が迫る。富士山の強力として勇名を馳せた小宮山正が一九四一年に、五〇貫（一八七キログラム）もの花崗岩を背負い上げたと、新田次郎が直木賞を受賞した『強力伝』で読んでいた。なるほど堂々としてこの山に溶け込んでいる。

遅れた夫を待って二人一緒に二九三二メートルの白馬頂上を踏んだ。

「とうとう、登りましたね」

後は声にならなかった。

何度も挫折しそうになって辿り着いた頂が今、私たちの足下にある。見上げると、雲ひとつないない真っ青な空。こぼれる涙をそっと拭き、二人で頂上に立てたことに感謝した。天に向かって掌を合わせ「ありがとう」を繰り返した。

青銅をはめ込んだ花崗岩の指示盤にもたれて、周りの山の名を確かめた。黒部の渓を隔てて剣岳、立山連峰が聳え、南アルプスや中央アルプス、八ヶ岳、妙高、戸隠の山並みが雲海に浮かび、遠く富士山までも見渡すことができた。揃ってわたしたちの登頂を祝福してくれているようでもあった。

わたしは、再び見ることが叶わないだろう一級の展望を瞼にしっかり焼き付けた。

# 立山・剣岳

長くうっとうしい梅雨がようやく明けようかという一九八九年七月一七日、富山電鉄、ケーブルカー、高原バスを乗り継いで室堂バスターミナルに降りたった。真っ白の室堂平は登山客もまばらで夏の賑わいはなかった。

「こりゃ、まだ雪がたくさん残っとる」

夫は七月の室堂で、一メートルを超える残雪を見たのは初めてだという。薄日の射す白い雲の隙間から青空が見え隠れし、目の前にどっしりとした雄姿が白い雪渓を抱えて聳えていた。

「いちばん右の高いのが雄山三〇〇三メートル、真ん中にちょこんと突き出しているのが三〇一五メートルの大汝山《おおなんじやま》、その左のピークが富士の折立で、この三つの山を総称して立山と言うんだ」

夫の指差す立山、それに続く真砂岳から別山の稜線がくっきりと曲線を描いていた。

「明日はあれを縦走するのね」

距離は長いが、厳しいアップダウンもなく、楽しい稜線山歩ができそうだ。

「さあ、行こう」

夫の弾んだ声に、一の越を目ざした。しっかり踏み固められた雪道を辿り、浄土山中腹のL字型に切られた雪のトレイルをしばらく行ったころ、遠くで雷が鳴った。

「あっ、雷だっ」

わたしは雷が大嫌いだ。まして山で出会う雷ほど怖いものはないと聞いている。

「遠くの方だ。大丈夫、大丈夫」

夫はさして怖がってはいない様子だ。だが、雷鳴は次第に近くなり、振り返ったとき、大日岳に稲妻が走った。

「どこかへ、避難しましょう」

「いや、いい」

低い積乱雲が頭上を覆い、五分と経ないうちに雷は奥大日岳から別山へと迫り、大粒の雨が落ちてきた。じっとしていられず、雨具を着てリュックザックを放り出してハイマツの下に潜り込んだ。夫もハイマツの根方に腰を下ろした。雨が霧となり、閃光と雷鳴が辺りを震わせた。わたしは目を瞑り耳を塞いで身を縮め恐怖と寒さに耐えた。ぐっしょり汗をかいた。

「ぼつぼつ止んだらしいから行こうか」

一五分か二〇分くらいだったがずいぶんと長く感じられた。ハイマツを透かして見る空はしだいに明るくなっていたが、まだ黒部の渓の方から、ゴロゴロ……と聞こえていた。

いつしか雨はあがり、一の越の鞍部に立つ「一の越山荘」に着いたころ、東の空に虹がすずやかな弧を描いていた。

皮下脂肪のない夫は、避難していた間に、よほど寒さが堪えたのか「寒い、寒い」と夕食もそこそこに布団にもぐりこんだ。

山荘は二〇人ほどの宿泊客で静かだった。

アルペンルート開通の一九七一年、わたしは職場の仲間と立山登山を試みた。が、暴風雨にたたられ室堂で登山を中止して帰ったことがある。それ以来、いつか立山に登りたいと立山に憧れて一八年が過ぎていた。いよいよ明日は思慕した立山だとはやる気持ちを抑えて床に就いた。

一夜が明けた。だが窓の外は雨。乳色のガスがたゆたいながら流れている。わたしは空を見上げ「雨よ止め、ガスよ晴れておくれ」と祈った。

「空が明るくなってきた。もう止む、止む」

と外に出ていた夫が戻ってきた。予報によると、天気は回復するという。出発を見合わせていた登山者が一人、また一人と靴の紐を締めて出ていく。

「わたしたちも出掛けましょう」

雨具を着、リュックザックにカバーを掛けて小屋を出た。細かい霧の粒が山肌をゆっくり動いていた。

岩まじりの、ざれた急坂を一歩いっぽ登っていく。雨具の下は汗でぐっしょり濡れる。

黙々と登っていた夫が突然、

「神社が見えるぞ」

と、稜線を仰いでいる。忙しく去来するガスの切れ間に雄山神社の社務所の建物が見える。

「晴れてきたようね」

見え隠れしていた近くの山々が、次々に姿を現してくる。眼下に青い屋根の一の越山荘、さらに左下に室堂平とみくりが池が俯瞰できる。頂上を目指す人たちの姿もちらほら見え始めていた。

信仰の山として、平安初期から明治に至るまで、多くの仏教修業者が入峰したといわれる立山雄山神社の社務所へ、雨具を脱いで入った。しんと静まり返りおごそかな空気が流れていた。白い衣を着けた神官が座っている前の台には、いく種類ものお札が並べられていた。わたしは、六〇年もの昔、立山登山をしたという父の土産にお札を求めた。

外に出てみると、どこから現れたのか、富山県警の山岳救助隊のお巡りさんたち三、四〇人がベンチで休んでいた。訓練登山だそうだ。

「さあ、峰本社にお参りしようか」

ほんとうの御山神社峰本社はもう少し上にあった。

小さな鳥居をくぐり、累々と大小の岩が重なったてっぺんの御山神社峰本社へ向かった。万延元（一八六〇）年、加賀藩が建てたといわれる総欅造りの峰本社は風雪に耐え、堂々として風格さえ感じられた。山頂の峰本社の祠に参拝して、数人の善男善女と宮司のお祓いを受け、登山の無事を祈った。

雄山を後にざれた縦走路を四〇分。大汝《おおなんじ》休憩所の脇を通って、立山主脈の最高峰、大きな岩に取り付けられた板に「大汝山三〇一五M」と記されている頂上へ着いた。

天気は回復しているかにみえたが、白い雲がしつこく山肌に纏わりていていた。見下ろすと深い渓の底に黒部湖がエメラルド色の水を湛えている。黒部の渓を隔てて連なる山並みのほとんどは上半身を隠したままだ。あの雲さえ吹き飛んでしまえば、後立山連峰の山々、剣岳も見渡せただろうに。

以前にここからの展望を楽しんだことのある夫は、

「剣岳があのあたりに聳えていて、五龍や鹿島槍も見えるはずなんだが」

と、雲の中の峰々を思い描きながら指差していた。

大汝休憩所に戻り、お弁当を食べて外に出てみると、また降ってきそうな気配。富士の折立へのなだらかな縦走路を急ぐ。

「あっ、ライチョウ、ライチョウ」

突然、ハイマツの陰からライチョウが一羽現れた。

「こりゃあ、雄だ。目の上が赤いだろう」

ライチョウの雄に出会うのは初めてだった。可愛いライチョウと遊んでいるうちに、とうとう雨粒が落ちだした。また雨具を出して着た。雨は次第に強くなって、しばらくするとまた小降りになった。たっぷり雪渓を貯えた内蔵助カールへの鞍部へかかるころ雨は止んだ。真砂岳から別山へと続くのびやかな見通しのよい稜線に人の姿は見えない。雄山を過ぎたあたりで、大汝山で引き返すのだという人に逢ったきりだ。別山で降り出した雨は土砂降りになってしまった。

「もう剣沢の剣山荘《けんざんそう》まで行くのは止めて、手前の剣御前《つるぎごぜん》小屋に泊まることにしようか」

わたしもその方がいいと思った。

ところが、剣御前小屋で宿泊手続きをしている間に雨はすっかり止んだ。

「これは止んだ。もう降らん。剣沢《つるぎさわ》まで行こう。剣沢まで行っておけば明日が楽だから」

というが早いか夫は小屋に飛び込んで、宿泊を取り消した。なんだか小屋の人に悪いような気がしたが、気持ちよく了承してくれた。

「今年は剣沢までまだ雪がたくさん残っていて、夏道はまだ出ていません。剣山荘の人たちがチェーンソーで雪を切って道をつけていますが、どこまできているか……、お気をつけて」

もうひと頑張りしなくてはと背負ったザックは前より重く、ずっしりと肩にこたえた。

別山乗越から剣御前岳の山腹へ回りこんで驚いた。予想をはるかに超える残雪がすっぽり斜面を覆っていた。

わたしたちはその斜面についた足跡を一つひとつ丁寧に辿って進んだ。時に足跡を踏み外すと、手つかずの真っ新な雪に、ずぶっと脛まで埋まってしまう。そうなると、次の一歩を踏み出すのが大変だった。こつがつかめたころには足が疲れて重くなって、なかなか進めない。

途中、ようやく雪の斜面を階段状にカットした道まで辿り着いて楽になった。

剣沢に立つ二つの山小屋が見えだしてもまだまだ雪の道は続いた。とっくに予定のコースタイムは大幅に過ぎていた。

平坦なクロユリのコルまで来ると、お世話になる赤屋根の剣山荘がぐっと近づいた。コルというのは山稜上の窪んだところを指すのだが、クロユリのコルというのは固有名詞らしい。雪がすっかり消えると、あたりにクロユリが咲くのだろう。そんなときに来て見てみたいと思う。

もう着いたぁ、と思ったとたんに足を滑らせてしまった。すごいスピードで滑る。夫がコルの上で「おう、おう」と慌てている。十数メートル下は平坦で、あそこまで滑れば必ず止まるとわたしは意外に冷静だったが、夫は雪崩でも起きたらただ事ではすまないとずいぶん心配したと後で洩らしていた。が、結局十数メートル滑落して何事もなく止まった。

別山乗越からコースタイムの二倍以上、一時間四五分かかって、ようやく剣山荘に着いた。その間、剣岳はずっと雲を纏い一度も姿を見せてはくれなかった。

定員三〇〇名という山小屋の宿泊客はこの夜八人だった。六畳の個室に二人、隣の部屋もその隣もお向かいにも誰もいない。物音ひとつしない静かな山小屋は初めてだった。寂しかった。夕食のとき同宿八人全員が顔を合わせた。わたし以外はみんな男性。山談義もすぐに「残雪が多くって……」という話になってしまう。

山で摘んできたというアシタバのお浸しは、宿泊客が少ないからできたのだと聞けば、残雪が多いのも悪くはないと思う。従業員用のお風呂へも入れてもらえた。

部屋の窓から満月が美しい。梅雨が明けたらしい。明日はきっと晴れるだろう。

翌朝、目にしみるような青い空が広がっていた。靴の紐を締めていると、小屋の主人が、「剣沢小屋に泊まっていた山岳救助隊の一団が先ほど登っていきましたよ」という。きのう雄山神社で会ったあの訓練登山の若いお巡りさんのグループだろう。なんだか心強い。「お気をつけて」の声を背に午前七時、小屋を出た。

右へ斜上しているはずの夏道は雪の下。わたしたちは雪上についたお巡りさんたちの踏み跡を辿り、剣山荘の裏手の急な雪渓をロープ伝いに尾根まで直登。ようやく雪から解放されたかと思う間もなく、こんどは崩れやすい岩場で気が抜けなかった。

八時、やっと一服剣に着く。その名の通りにここで一服する。目の前にそそり立つ岩の峰が頂上

だと思って喜んでいると、夫は、

「あれは前剣で、剣岳の頂上ではない」

という。がっかりする。

目前に立ちはだかる前剣への急勾配は一気には登れない。武蔵のコルへ下り、浮石の多い岩礫の急斜面を登ると、大きな岩が頭上に迫る。

頂上に繋がれた目に見えぬ紐に手繰り寄せられるように、足場の切れ落ちた岩場をよじ登っては休み、また下ってまた登る。

尾根に出て何度も何度も立ち止まって小休止。夫はそれほど速いというほどでもないがマイペースで調子よく進んでいる。

「剣岳がみえるぞ」

先に前剣山頂に立った夫が叫んだ。

少し遅れて前剣に立つと、「なによりその風采の剛毅にして颯爽たる……」と深田久弥が言った剣岳の岩峰が顔を出した。

ごつごつとした山稜、人を寄せ付けぬような岩の壁。いったいどこをどう登るのだろう。

重なり合う岩の裂け目に目をこらしていると、動いているものがある。人だ。一人、二人、三人……降りてくる人たちだ。あんなところをよくもまあ降りてくるものだと思うとくらくらしてくる。が、これからわたしもその岩に挑まねばならないのだ。

前剣を出るとすぐに鎖場にとりついた。岩につけられた足幅ほどの足場。右側は谷が深く切れ落ちていて下を見れば足が竦む。

「鎖に頼らずなるべく岩をホールドして」

前を行く夫から注意が飛ぶ。夫に着かず離れずひとあしひとあし慎重に移動する。二〇メートルほどのトラバースもなんとか過ぎた。それからアップダウンのわりあい安定した道をしばらく行ったところで、降りてくる数人のお巡りさんに逢った。小屋を出てから初めて出会う登山者だ。下山者優先のルールに従って足場のいい所に寄って道を譲る。「これからですか」「気を付けていってください」「頑張ってください」と口々に声をかけ、岩を回って消えていった。

お巡りさんたちと別れ、いくつかの小さな鎖場を登り、石積みの避難小屋下の平蔵のコルで飴をなめて、一休みしていると、残りのお巡りさんが、切り立った岩壁に架かる長い梯子を順番に降りてきた。

ここから往路と復路は分けられていて、登るわたしたちは右に進む。注意深く雪渓をトレイルし廻り込んでいくと、長く急峻な鎖場が待っていた。「カニの縦這い」と名付けられた難所だ。

「三点確保で、ついてこいよ」

という夫は慎重にではあるが、軽やかに登っているようにみえる。手がかりを探し、足がかりを見つけ、慌てず、神経を集中させる。小柄のわたしには足が届かないところもある。膝を岩に押し付けて鎖に頼って体を引き上げた。足場や手がかりはわりあいたくさんあった。鎖や鉄杭もしっかりと取り付けられていた。それに、一生懸命になっていたのか、不思議と恐怖心はなく登れた。が、登れば登るほど、高みにそば立つ岩稜がせまり、わたしは小さな点になっていくようだった。

鎖場が終わって、岩屑の踏み跡をジグザグに辿り、大小の岩塊が積み重なった主稜線をペンキの矢印に従った。一二時四二分、最後の一歩を頂上にしるした。

日本アルプスの山々が登り尽くされる最後まで残ったという三〇〇三メートル剣岳の頂上に、とうとう登ったのだという感慨がじんわりと湧いてきた。

累々と岩の積もったさして広くもない頂上に立つ木造の小さな祠に掌を合わせた。

先ずは記念に写真を写した。

「さあ、めしにしようか」

鹿島槍から五竜岳、唐松岳、前年登った思い出の白馬岳へと連なる後立山連峰、きのう歩いた雄山などの展望を楽しみながら、お弁当を半分ずつ食べた。

岩の上に寝そべると、どこまでも広い青空に白い雲がゆったりと遊んでいた。

夫は深田久弥の『日本百名山』で得た剣岳開山のことをぽつりぽつりと話しだした。

明治四〇（一九〇七）年、陸地測量部一行が人跡未踏といわれた剣山頂上に立ってみると、そこには、槍の穂と錫杖の頭が残されているのを発見したのだという。修験者が置いていったであろう宗教用の剣と、それより古いと思われる錫杖の頭だった。それらは、何時、誰が持ってきたのか、同一の人物が持ってきたのか、別々の人物だったのか分かっていない。また、その人物は、登頂記念に納めていったものなのか、遭難して所持品だけが残ったのか、謎だと言われている。

この発見から二年後に、陸地測量部を案内した長次郎と共に、純粋な登山を目的とする四人のパーティーが登頂してから、今日に至っている。

信仰の登頂、測量のための登頂とはいえ、おそらく草鞋履きで、綿入れの着物で寒さに耐えて、峻嶮な山に命がけで挑んだ勇敢な先人に思いを馳せていた。

また、こうして彼らの足跡をたどって登ることのできたことに感慨を覚えると同時に、留守宅の家族に感謝しながら、山頂での雄大な空間を二人で独占した贅沢な五〇分間だった。

降りの難所「カニの横這い」は足元が見えず不安だった。が、岩の割れ目にしっかり足を固定させることができ、高度感のある鉄製の長梯子は思ったほど怖がらずに降りることができた。

小さな鎖場、鋭く切れ落ちた巻道、滑りやすい雪渓のトラバース、ずるずるといきそうな岩屑の急斜面など緊張の連続だった。が、途中、四回もライチョウ家族に出会い、ほっとできる句読点のようなひと時もあった。

長いながい山登りを無事終えて、剣山荘にたどり着いたのは一七時五〇分だった。

その夜の宿泊客は四人だった。

次の朝、わたしは再び登ることはないだろう岩峰剣岳を何度も振り返り振り返り別山乗越への雪道をいった。

「さよなら、さよなら、また来る日まで……」と、雪山讃歌の一節が口をついてでてきた。

あの名著『日本百名山』の著者、深田久弥氏をして「太刀の鋭さと靭《つよ》さを持っている鋼鉄のような岩ぶすま」と言わせた剣岳は青い空に毅然と屹立していた。

雷鳥沢の急な降りも雪が多く、緊張の連続だった。疲労困憊して雷鳥沢に着いた。

帰途、名古屋駅で買った朝日新聞によると、今年の夏は、富士山や北アルプスなど、気象庁観測史上例をみない残雪だと報じていた。

# 黒部五郎岳

夫と山歩きを始めて九年目の夏だった。

山に行くたびに初めて見る花は無論のこと、何度見てもその咲き姿や微妙な色あいの違いに飽きることなく、年々高山植物の虜になっていった。

家にいても、高山植物図鑑やビデオを手元に置いて、暇さえあれば繰り返しくりかえし眺めていると、何時とはなしにその名前を覚えていた。

わたしの山歩きはいつのまにか高山の花園を訪ねる旅となっていた矢先、一九八七年五月、夫が肺の手術をした。手術の翌年、おっかなびっくりで白馬岳に登り、その次の年、立山、剣岳の頂上を極め、いくらか自信を取り戻していた。

一九九〇年七月二一日朝、新幹線で岡山を発って、名古屋から、中央線に乗り換え、高山駅で下車、バスで新穂高温泉に着いたのは一四時四〇分。

登山シーズンが始まったばかりだというのに、人影もまばらで、もうひとつ張り合いはなかった。蒲田川に架かる橋を渡り川の左岸を遡っていく。

左手、穴毛谷の向こうの笠ヶ岳に夏雲が湧く。川沿いの林道は夏の陽射しが強い。

北電ダム事務所を過ぎて笠ヶ岳新道を左に分け、更に蒲田川の上流左股谷沿いを緩やかに登る。樹林帯に入るとさっと汗が引いた。

一時間余りでわさび平小屋に着いた。周りはブナの原生林に囲まれていた。大きな屋根が張り出した玄関入口に「わさび平小屋」と横書きされた札と「双六山楽共和国」と記された木製の札が上下に並んで架かっていた。木造二階建ての二階の五畳ほどの部屋がその夜の宿泊場所だ。

まだ日は高い。小屋の外に出て、涼しい風に吹かれていると、夫が缶ビール片手にやってきた。

「ここの名物は冷麦だそうだ。食べてみるか」

聞くところによると、左股谷の清流で冷やした麺におろし生ワサビがついてでてくるという。

「でも、すぐに夕食でしょう。止めとくわ」

売店前の水槽に冷えているラムネを見つけた。懐かしさも手伝って「この位ではお腹もふくれないだろう」と、ベンチに座って飲んでいると、小屋のスタッフのお兄さんが、たも網とバケツを持って出て行った。しばらくして戻ってきたバケツの中で、二〇センチほどのヤマメが数匹、ピチピチと跳ねていた。

夕食は一階の食堂だった。さっきのヤマメが塩焼きになって出てきた。

宿泊客は全部で八人。私たちの他はみんな若者だった。

夕食後入浴した。これから少なくとも三日間、山を下りるまでは入浴もシャワーもできない。わさび平小屋の夜は静かだった。

翌七月二二日。四時四〇分起床。

「三時ごろ、窓の外は満天の星空だった」

夫は一人で星空を楽しんだという。寝不足だと不機嫌なことを知っている夫はわたしを起こさなかったのだろう。

五時四〇分朝食。六時二〇分出発。

しばらく樹林帯の中の緩やかな林道を行くと、ジョリジョリ……メボソムシクイだろうか。セキレイが尾を振って低く飛ぶ。広い河原に出た。

「ここから小池新道だ」

小池新道は、これから目指す双六小屋へ至る登山道で、当時、双六小屋を経営していた小池義清氏が自力で切り開いた道である。それまで、飛騨側からの登りは、吊り橋や沢登り、やぶこぎなどしいられ、十数時間はかかったが、今ではわさび平から大ノマ乗越を経由すると普通のコースタイムで六時間三〇分ほど、三時間半も短縮したことになる。二年の歳月をかけ、一九五六年に完成させたという。

四年前、高天原からの帰り台風にたたられ、双六小屋から新穂高温泉に降りた道だ。

小沢を渡り樹林帯の中の一本道をゆっくり登っていく。高低図を見ると、このあたりから登りが急になっている。

石畳にペンキで印された矢印に導かれているうちに秩父沢が近付く。

「ここが風穴だ」

重なり合った岩屑の隙間から冷たい風が吹き出している。

「涼しい。天然のクーラーね」

「ちょっと休んでいこうか」

涼しい風に当たり、オレンジを半分ずつ食べると汗がさっと引く。

飛び石伝いに清冽な水の流れる広い秩父沢を無事に渡った。橋が架かっているというのに、どこにも橋らしいものは見当たらなかった。

秩父沢を過ぎると登りはますますきつくなってきた。ハッ、ハッ、フッ、フッ……前を行く夫に遅れないように背中を追う。呼吸を整えるために立ち止まって見る穂高連峰の稜線に、山懐へ分け入っている実感と歓びが湧いてくるのだった。

「ししうどが原」の立札のあるあたりは名前の通りウドの大木が一面に繁茂していた。

大ノマ乗越への道を左に見送って、右へ行く。

道の両側に咲く、キヌガサソウやクルマユリ、カラマツソウなど、高山植物の中では比較的背の高い植物が花をつけているのを楽みながら、沢を離れると、鏡平の湿原に着いた。オオシラビソやダケカンバに囲まれた大小十数個の池塘が点在する湿原はひっそりと静まりかえっていた。

風もなく鏡のような湖面は、槍ヶ岳から大キレット、北穂高などの山容をくっきりと映していた。鏡平と言われる所以が誰に訊かずとも解った。

小屋の前の池のほとりで写真を撮ろうとしているときだった。突然「いらっしゃい」と小屋から出た男性に声を掛けられた。「こんにちは」とその男性の方を振り返って吃驚した。どこかで見かけたことのある顔である。が、咄嗟には思い出せない。

「写しましょうか」

とても穏やかな声である。

「お願いします」

と、臆面もなくカメラを手渡したその時、この人は山岳写真家の小池潜《ひそむ》さんだとわかった。山岳雑誌に載っていた写真を何度か見たことのある小池さんではないか。

「あっ、小池さんですね」

「はい、この小屋を経営している小池です」

夫も吃驚している。小池新道を拓いた小池義清氏の次男だという。お願いした以上引っ込みもつかず、一流のカメラマンに最高の山々と写真を写してもらうことになった。

「ありがとうございました」

「今日はどこまで」

「はい、今夜は双六小屋へ泊まって明日は黒部五郎まで行きます。きのうはわさび平小屋に泊まったんです」

「ありがとうございます。どうぞ気を付けて、楽しい山旅をなさってください」

夫は、わさび平小屋、鏡平小屋、双六小屋が小池潜氏の経営する小屋であることを知っていた。

池のほとりの鏡平山荘で昼食にした。

山小屋のお昼は、わたしたちのように昼食をとったり休憩をしていく者ぐらいで暇そうだ。お弁当はわさび平小屋で作ってもらったおにぎりを持っていたので、夫はいつもの通り売店で缶ビール、わたしはオレンジジュースを買った。メニューにはラーメンもあったがインスタントだと聞いて止めた。

たっぷり一時間、周りの山々を眺めながらお腹を満たして鏡平小屋を後にした。

池に架かる橋を渡って、ダケカンバの林の中を登る。弓折岳からの急坂を喘ぎながら、山腹を右へ上り詰めると鏡平が箱庭のように俯瞰できた。山肌に抱かれるように、可愛らしい鏡平小屋の青い屋根が見えた。

森林限界を過ぎると槍・穂高の稜線に夏雲が去来していた。

弓折岳の稜線に出ると「左笠ヶ岳、右双六岳」とある。標識に従い右双六岳に向かう。もう急坂はなさそうだ。左に北鎌尾根、手前に西鎌尾根、右に大喰岳、中岳を従えた槍ヶ岳の雄姿を見ながら小さな登りと降りを繰り返して、双六池の畔に出る。意外と小さな池だった。

キャンプ場を過ぎると、ダイモンジソウ、シナノキンバイ、ハクサンイチゲなどのお花畑だった。クロユリの群落にも出会った。濃い紫褐色の花びらは六つに分かれ下を向いていた。一五センチ前後の茎の上に一輪咲いているもの、二輪咲いているものもあった。名前はずいぶん前から知っていて、どんなに華やかな花だろうと想像していたが、思っていたよりずっと地味な花だった。黄や紅や白など目に付きやすい花の中にあって、こうゆうシックな色も悪くはない。

「グルグル、グルグル」という鳴き声がしたかと思う間もなく、ライチョウの親子が現れた。すっかり夏毛になった母鳥が三羽のひな鳥を連れて歩いている。「ライチョウ、ライチョウ」と声をひそめて夫に知らせたつもりだったが、どうやらライチョウを驚かせたらしく、母鳥はお尻をふりふり茂みの奥へ向かった。その後をひながちょこちょこと追いかける様は何とも可愛らしい。

双六岳と樅《もみ》沢岳とのゆったりたわんだ鞍部に立つ赤屋根木造二階建ての双六小屋に一六時二五分

に着いた。普通のコースタイムより一時間オーバーということらしいが、わたしたちにしては上々だ。

翌朝四時三〇分起床。五時一五分朝食。食後、双六小屋名物のコーヒーを注文した。このコーヒーにまつわるエピソードを、物の本で読んだと、コーヒーを飲みながら夫が話した。

「二〇歳ごろから写真を趣味とした小池潜氏は、その腕が上がるにつれて高級なカメラ、ハッセルブラッドが欲しくなった。そんな折、雨天続きで小屋に停滞していた大阪で高校教師をしているという夫婦に『ハッセルブラッドが欲しいんだが、お金が貯まらなくて』と話した。それを聞いた高校教師夫婦は、翌年の一九六五年から、自分たちで器具や材料を持参し、挽きたてのコーヒーを売らせてもらい、その売上げ金を貯めて、潜氏の願いを叶えた。おいしいコーヒーは登山者の間で評判になった。七年間小屋に通った高校教師夫婦の後を小屋の従業員が引き継ぎ、以後、小屋の名物になっている」

コーヒーの中に込められたもうひとつの味を味わいながら、ゆっくり飲んだ。

山に来て、そういう温かい人のエピソードにふれて味わうのも山登りの歓びでもあると、いい朝のコーヒーに元気をもらって出発した。

六時一〇分、雲が高く遠くの山並みがくっきりと見える。

「東へ行けば西鎌尾根を槍・穂高へ向かうコース。今日は北へ向かって三俣蓮華岳を経て黒部五郎岳に向かう裏銀座コースを行くんだ」

と夫は左手に歩き出した。

昨夜も山小屋のおいしい食事をしっかりたべてよく眠ったので、足取りも軽い。

いきなりハイマツ帯の中の急坂が始まる。燕岳を背に山腹道を双六岳に向かう。

ちょうど八時。四年前、台風の中高天原の帰り、道に迷ったのはこのあたりだったのか。二八六〇・三メートルの山頂はただ広く、山頂に立つ双六岳と記された標識が見えなければ迷うのも無理はないと思える地形だ。

好天の今日、ここからの眺めは素晴らしい。槍・穂高がひときわ高く、北に三俣蓮華岳や鷲羽岳、西北にこれから向かう黒部五郎岳、その向こうに薬師岳、立山、剣岳が重なって見える。南には笠ヶ岳と抜戸岳、遠くに焼岳、乗鞍岳、木曽の御嶽山まで望むことができた。

お花畑の中の急な斜面を降る。辺り一面に咲いていたハハコグサ、イワカガミ、クロユリ、ハクサンイチゲがとりどりの色を競い合っている。

広い尾根を三俣蓮華岳へ登り返す。

「三俣というのは、信州、越中、飛騨三国の国境にあることから命名されたそうだ。それに、剣岳、立山、薬師岳、黒部五郎岳が連なる山稜、白馬岳から後立山連峰と裏銀座を結ぶ山稜、槍・穂高連峰や表銀座コースへと通ずる山稜の三つがここ三俣で合流しているんだ」

「北アルプスのターミナルみたいなものね」

広い二八四一メートルの山頂からは三六〇度の大展望。正面に男性的な風貌の黒部五郎岳が聳えていた。全貌を眺め、たおやかな稜線を、巨大なショベルカーで掬い取ったような強大なカールを、その山襞一つひとつをくいいるように眺めた。

北にひときわ大きい薬師岳、その手前に岩苔乗越《いわこけのっこし》、祖父岳《じいだけ》、雲の平がある。東には常念岳、大天《おてん》井《しょう》岳、槍ヶ岳など今まで歩いた懐かしい山々がある。機会があればいつか登ってみたい山もたくさんある。

「飯にするか」

一〇時を少し回ったところだったが、この素晴らしい景色を見ながらの食事は最高だった。

黒部の源流、雲の平を眺めながら草原やハイマツの中の道を降っていく。

コースは左にカーブしながら、急な降りになった。夫の踏み跡を丁寧に辿りながらごろごろとした径を降りていくと赤い二等辺三角形が地面まで続く屋根が現れた。黒部五郎小舎だ。

「わぁ、着いたぁ」

一二時一五分。ゆっくり歩きのわたしたちにしては早い到着である。

三俣蓮華岳から望んだ雄大な黒部五郎岳がぐっと近づいた。標高二八三九メートルの頂から谷底に向かって鋭くえぐられた急傾斜のカールと両側にゆったりと懐をひろげた優雅な姿。その山肌に、あした歩く径が鉛筆で線を描いたように見えている。左手からは緩やかな斜面が裾を引き、高山植物の咲き乱れる湿性草原へと続いている。

コバイケイソウの間の小径を進むと、小屋の前のベンチで六、七人がくつろいでいる。缶ジュース片手に和やかに語り合う人、地図を開いて見入っている人、ただぼんやりと遠くを眺めている人……、それぞれの山を楽しんでいる。

「こんにちは」

「お疲れさん」

みんなが顔を上げて笑顔で迎えてくれる。三俣蓮華山頂でスケッチをしていた名古屋から来たという青年や、途中でわたしたちを追い越していったパンチパーマの若者の顔もある。彼らにまじって、以前山岳雑誌で見たことのある二木聡彦《ふたつぎとしひこ》さんの姿もあった。浅黒い艶のある顔を、白い顎鬚がぐるりと縁取っている。

「わたしたち、今夜はこちらにお世話になります。宜しくお願いします」

夫と帽子を取って挨拶すると、二木さんは初対面とは思えないような懐かしい眼差しで、

「受付は後でええでしょう。まあ荷物でも下ろして、ゆっくり休みなせえよ」

と、しわがれた低い声。

「昨日は四人、おとといは二人でしたよ。ちょうどヘリが荷を運んで来ましてな、スイカが着いた

んですよ。みんなでここで食ったんです。はっはっはっ……」

小屋の正面入口の脇に「水場左へ二〇歩、便所右へ三〇歩」と書かれた札が立っている。二木さんの素朴で温かいお人柄が、静かで清らかなこの大自然に溶け込んでいるようだ。

そんな二木さんの小屋が気に入ったのか、名古屋青年もパンチパーマ氏も、予定を変更して、今夜はここに泊まることにしたという。

ベンチでは、しばらく二木さんを交えて山談義に花が咲いた。

少し離れたところで休んでいた学生四人パーティーが出発するという。

「これから、どこまで」

「双六です」

「気ぃつけてな」

三、四〇キロもありそうなザックが一列になって林の中へ消えていくのを、二木さんはベンチに座ったまま見送っていた。

わたしたちは近辺を散策することにした。キャンプ場と矢印で指されている方へ一〇〇メートルほど行くと、草のないちょっとした広場に出た。人の踏み跡もなく土は乾いていて、ごみひとつ落ちていない。水も豊富だ。

「こんな所にテントを張るのって最高ね」

けもの道と思われる径を踏んで渓流に口を近づけた。黒部の源流に注ぐ小沢のひとつだ。冷たい。喉を潤した水がひとすじ胸の真ん中を落ちていく。夫も両掌で掬った水を何度も口に運んだ。

「水割をして飲んだらおいしいだろうな」

「ううん、ストレート水が一番ですよ」

水はわたしたちのたわ言にはおかまいなしに踊り、笑い、柔らかい草むらをくすぐり、岩の下へ隠れるように潜っていく。

流れに分断されたお花畑には、うすもも色の可憐なハクサンフウロが風と戯れ、白い小花を集めて空へ向かって立っているコバイケイソウに、赤紫のヨツバシオガマが寄り添っている。岩陰でチングルマは、はやばやと羽毛のような実をそよがせている。

三時を過ぎると陽光は弱くなった。

小屋に戻って宿泊手続きを済ませ、部屋に入った。玄関正面の急な階段を上がると、二等辺三角形の屋根裏と床でできたトンネルのような細長い大部屋に、畳まれた寝具が一組ずつきちんと並べられていた。

「お好きなところを使ってください」

わたしたちは部屋のいちばん奥に荷物をおろした。柱と柱に紐を渡して、汗ばんだシャツやズボンを掛けた。横になって休んでいると、いつのまにかうとうとしていた。

なにやら、小屋の外が騒がしい。隣に陣取っていた名古屋青年が、

「今夜は賑やかになりそうですね」

と、窓の外を見ながら言う。

中年の七人パーティーが着いている。

「どうやら、太郎平からぎょうさんこっちへ向かっているということや。もう少し布団を増やしておかなならんがの」

と、二木さんが慌てて布団部屋から寝具を出し始めた。わたしたちも手伝って、部屋いっぱいに寝具を並べた。

窓の少ない部屋の中が薄暗くなった。二年前に自家発電で電灯は灯るようになったとはいうものの、点灯は日が暮れてからとのこと。

「外に出ようか」

一日熱く燃えた太陽は、黒部五郎岳を赤く染め始めていた。

この山容をパイプオルガンのようだと形容した人もいたそうだが、天地創造の神の創りたもうた完璧なまでに美しいこの大自然の一日《ひとひ》の終わりを讃える讃歌が、どこからか聞こえてくるのではないかと、しばらく佇んでいた。

いく組ものパーティーが次々に到着して、小屋の前は賑やかだった。子どももいる。

さっき着いたばかりの白髪まじりの男性二人が、二木さんに何やら話している。話が終わるか終わらないうちに、二木さんのあの優しい眼がぎらりと光り、遠く黒部五郎岳の方を見やった。ただごとではなさそうだ。わたしは夫の手を引っ張って二木さんに近づいた。居合わせた何人かが二木さんを囲んだ。

白髪まじりの二人が話すには、朝六時に太郎小屋を出て一時間くらい行った所で七〇歳前後の夫婦連れを追い越したという。自分らもゆっくり歩いたが、老夫婦はどんどん遅れて、姿が見えなくなってしまった。暮れるまでにここへ着くかどうか心配だというのだ。

緊張した空気が流れた。

「あのお歳で山へ登られるのだから、相当なキャリアもお持ちだろうと思ったから、ぼくらも追い越してきたんだが」

と、こんどは七人パーティーのリーダー格。

「でも、あの歩き方じゃ……。ぼくらも子どもを連れていたんで、自分たちのことで手いっぱいだった」

と、子連れの若い父親。

「小屋を出た最初の雪渓の上で三脚を立てて写真を撮っていた青年もまだ来ていないよう」

と、別のパーティーの女性。

「……」

二木さんは眉間にしわを寄せて時計を見た。腕組みをするとゆっくりベンチに腰を下ろした。みんな口をつぐんで二木さんを注視した。誰も動こうとはしない。

二木さんの顎の髭が動いた。ぽつりぽつりと話し始めた。それは以前、二木さんが遭難救助に向かった話だった。夫の腕に捉まっていても体がぶるぶると震えた。

「ぼく、迎えに行きましょうか」

パンチパーマ氏がきっぱりといった。

「いやいや、迎えに行くんならわしが行く。山を知らんあんたらに行かせるわけにはいかん。その前に太郎平へ連絡をとらな……」

と言うと、二木さんは急いで小屋からトランシーバーを持ち出し、太郎平小屋と交信を始めた。

太郎平小屋は、奥黒部一帯の遭難救助隊の情報センターになっており、また県警山岳警備隊の常駐基地にもなっているそうだ。

交信を終えた二木さんは、二階の窓から望遠鏡で黒部五郎岳から降るジグザグの径や、カールの中に人の姿を捜しているようだった。

「見えん。これからわし、雪渓の下まで行ってみる。あんたらすまんが、ねえちゃんが一人で食事の準備をしとるで、配膳を手伝うてやってくれんか」

言うが早いか、ゴム長を履き、手拭を首に巻いて、コバイケイソウの中を飛ぶように急いだ。

真っ赤な太陽は、黒部五郎岳の稜線の向こうへ見るみるうちに落ちていった。

沈んでしまったそのあとに、長い光のすじが放射線を描き、空は茜色からぶどう色に変わるのにどれほどの時間もかからなかった。

黒部五郎岳のどっしりとした黒いシルエットが浮かび上がり、風はいっそう冷たくなった。

時折誰かが、言っても意味のないような気休めを言うが、それには誰も答えず、また、ぽつりと誰かが独り言を言ったりした。

二木さんの姿が山裾を巻いた小高い樹間に見えた。だが一人だけだ。老夫婦は見つからなかったのだろうか。

走るように戻ってくる二木さんがもどかしい。駆け寄りたい衝動を抑えてみんなと待った。

「大丈夫。もう雪渓の下まで降りとる。写真を撮っていたという青年が付き添って歩いとるで心配はいらん。ゆっくりじゃが足取りはしっかりしとる。話してきたが、まだ元気は残っとる。あと一時間もすりゃあ着くだろう。さあ、みんな、心配を掛けたが、中に入って食事にしてください。わしは、これから三人分の食事をこさえねばならんわ……」

首に巻いた手拭で汗を拭きふき二木さんは小屋へ入っていった。二人、三人と部屋に入る人もいたが、わたしはどうしても入る気にはならなかった。

ガスが立ち込めてきた。湿った空気が冷たい。わたしは体の震えを止めようと、小刻みに足踏みしながら、ベンチの周りを行ったり来たりしていた。

「手を振ってる」

誰かが突然叫んだ。

小高くなった山裾で白い布が上下に動いている。タオルを振っているのだろう。

「三人いる」

小さな影、細い影、大きくどっしりした影、みっつの影が一列になってゆっくり近づく。

それから一五分……前かがみで顔を上げる余裕すらない妻、杖をたよりに、やっと足を前に踏み出している夫、自分の大きなザックの上へもうひとつザックを括りつけた写真青年の順に到着した。

「皆さん、大変ご心配をお掛けしました」

写真青年が帽子をとり、深々と頭を下げた。老夫婦は口もきけない状態で、へなへなとその場に座り込んでしまった。

「ご苦労さん」

「お疲れさま」

「よかった、よかった」

小屋のみんなが安堵した。

「安心すると、急にお腹が空きますね」

「しっかり食べてくださいよ。飯と汁はしっかりありますから……」

炊事場のカウンターから二木さんの明るい声がした。

山菜のお浸しに天ぷら。温かい味噌汁は冷えた体と心を芯から暖めてくれた。

和やかでおいしい夕食だった。

「ごちそうさま」

あしたは太郎平までの長丁場だ。朝食と昼食のお弁当をお願いして床に就いた。

四日目の朝、黒部五郎岳が朝日を受けて美しく輝いている。

空の青、木々の緑、草原にちりばめられた黄や白や薄紅の花、岩の灰色、雪渓の白、自然が描いた雄大な一幅の絵画の中に分け入っていく。

「これらの岩を羊群岩と言うんだ」

カールの中にごろごろと転がる大小様々の白い岩は、いかにも羊が草原に遊んでいるように見える。草原から樹林帯に入り、小さな沢を渡り、また花の咲く草地を縫いながら気持ちのいい径を行く。カールの底には今にも転げ落ちそうな大岩が突き出している。雷岩というそうだ。

「ここで、飯にしよう」

朝食用に作ってもらったお弁当を食べながら、あの深田久弥の有名な言葉を思い出していた。

「三方を岩尾根に囲まれて、青天井の大伽藍の中に入ったようである」という。その青天井の大伽藍の中でわたしたちは食事をしたのだった。何という贅沢だろう。

雪渓が解けた先から咲いたコバイケイソウ、ハクサンイチゲ、シナノキンバイ、ハクサンフウロなどが命を輝かせている。

「コバイケイソウがよく咲いているなあ。この花は五、六年に一回しか咲かないというんだが」

草丈は七、八〇センチか、高山植物の中では大柄な方で、群生している。白っぽい小花が円錐状に多数群れて咲いているので、どこからでもよく目立つ花だ。

その花々の間をジグザグに、汗をかきかき、何度も小休憩をしながら登っていると後から単独行の男性が足早にやってきた。

「ご夫婦でよろしいなあ。わたしゃいつも独りです」

「独りも気楽でいいでしょう」

「いやぁ、何事もなければいいんですが」

「今日はどちらまで」

「太郎平までです」

「わたしたちも太郎平までです。ゆっくり行きますからどうぞ先に行ってください」

言っている間に男性はカールをどんどん登って、頂上へも寄らずに行ったらしい。

せっかくここまで来たのに黒部五郎岳の頂上に登らずに過ぎてしまうのはもったいないと、わたしたちは、肩のハイマツのかげに荷物を置いて黒部五郎岳頂上へ往復することにした。

石くれの急登を足をくじかないようにゆっくり登っていく。一〇分余りで頂上に着いた。大きな手でえぐられたようなカールが眼下に一望できた。

頂上には自然石を重ねて祠が祀られていた。

「中之俣白山神社というそうだ」

夫は山の本で読んで知ったのだろう。この山行の話が出たときもわたしが、

「黒部五郎岳と野口五郎岳はどんな関係があるの」

と訊いたら、

「五郎というのは人の名前じゃないんだ。岩石がゴロゴロしている場所をゴーロといい、それに五郎という字を当てたそうだ。黒部の源流域にある山なので黒部五郎といい、もう一つ裏銀座にある方は、古く大町の山人たちの住む集落の名を取って野口五郎というようになったそうだ」

「それにしても、人の名前のような山の名前って親しみやすくていいわね」

その山を訪れてみて、本当にこの山にふさわしい名前だと納得したのだった。

「この勇壮な山の姿から、女性の名前じゃあないだろう」

男性的な山姿、羊群岩やお花畑と清らかな水の流れるカール、あんなに登山者に親しく接してく

れる二木聡彦さんのいる黒部五郎小舎。雄大な強さと細やかな優しさを相持った五郎という名の付いた黒部五郎岳が大好きになった。

急なジグザグの降りが続いた。池塘のある中俣乗越まで降ると再び緩やかに赤木岳のピークを巻き北の俣岳に登る。ガスが湧いたり晴れたり、行く手の山が見えたと思うとまた隠れたりする。ライチョウの親子が愛らしい姿を何度も見せてくれる。

槍ヶ岳がだんだん遠く小さくなり、薬師岳は大きく近づいてくる。

北の俣岳からの長く緩やかな降りの道の両側のチングルマはすっかり稚児車のような姿の実になっていた。

太郎山を越えるとイワギキョウやニッコウキスゲの咲く広大な太郎兵衛平のお花畑だった。

一五時五〇分、太郎平小屋着。休憩時間を除いても八時間三〇分歩いた。これは標準コースタイムの一・五倍以上の時間を要したことになる。それでも明るいうちに着いてほっとした。

太郎平小屋は一九八六年に雲の平から高天原に行ったときに泊まって四年経っていた。

翌朝、有峰湖を眼下に見ながらキンコウカの咲く道を折立へ降った。

# 涸沢

わたしが山登りを再開した夫について山靴を履いたのは、一九八二年夏のことである。北海道大雪山で高山植物に魅せられ、以来、夏休みを利用して年一回、北アルプスに行っているうちに、山の虜になっていった。

初めは、脳梗塞を患って自宅療養していた姑《はは》を、大学生になった二人の娘に託して出掛けた。娘たちは喜んで姑と留守番を引き受けてくれていた。そのうち二人は次々に社会人になり、一九八六年長女が嫁いだ。

一九九〇年春、夫が定年退職し、秋には次女が結婚して家を出た。そしてその暮れに姑が他界し、夫と二人っきりになった。数年の間に家族の風景が変わった。

そして長女はその夫の留学についてドイツのゲッチンゲンで暮らしていた。

一九九一年夏、ドイツにいる長女たちと初めてのスイスアルプス山麓を堪能して帰ったころにはもう秋風が吹き始め、夏山のシーズンは終わっていた。

今年はもう日本の山はお休みかと思っていた矢先に夫に誘われた。

「涸沢に紅葉を見にいかないか」

ドイツから帰って二週間後のことだった。穂高連峰のふところ、涸沢へ行くことになった。

夫は高低図を作る間もなかった。

それでも衣類や非常食など最低限の山行の準備に取り掛かった九月二七日夜、本州をうかがっていた台風一九号がめずらしく岡山を通過した。雨はほとんど降らず、風の強い台風は、ベランダの屋根を破り、テレビのアンテナや植木を薙ぎ倒して去った。

台風一過の秋晴れを期待していたのだったが、出発の一〇月一日の朝になっても小雨が降り続いていた。気乗りしないままの旅立ちだった。

朝一番の新幹線で岡山を発ち、名古屋から中央線に乗り換え松本に着くころ、雨はいっそう強くなった。新島々で乗るバスの客も少なく、厚い雲が垂れ込めていて、山行のうきうきした気分にはなれなかった。鈍いエンジン音をうならせてバスは暗い谷をのろのろと進んでいった。

予定時刻をかなり過ぎて上高地に到着。バスターミナルの中で雨具を着て歩き始めた。

カッパ橋の奥に見えるはずの穂高は、すっぽりガスに閉ざされていた。

小梨平を抜け、どろどろのぬかるみに足を取られそうになりながら、横尾を目指した。何度か通った道である。夏山シーズンには、町の中ほどの賑わいを見せる山道は、日暮れでもないのに薄暗く、わたしたちの前にも後にも人の姿はなかった。途中、明神で小休止し、降り止まぬ雨を恨めしく不安に思いながら、徳沢から横尾へ向かった。たまに山から降りてくるパーティーは、ずぶ濡れて、疲れていた。

一六時四五分、ようやく横尾山荘に辿り着いた。明日も雨が強ければ予定を変更するしかないと、一九時過ぎに早々と床に就いた。

朝、雨は止んではいるが雲は厚い。予報では天気は回復に向かっているという。

「涸沢まで行けそうだ」という夫の弾んだ声に促されて七時四五分、山荘を後にする。遅い出発だ。横尾橋を渡るころ、ガスの切れ間から青空がのぞくようになった。横尾本谷に踏み込むと、倒木がすごい。台風で薙ぎ倒された大木が行く手を阻む。二抱えも三抱えもあるカラマツが地上数メートルのところで引き裂かれ、生々しい木肌を見せていたり、十数メートルはあろうかと思われるカラマツが根こそぎひっくりかえされ、土を抱いたままの太い根、細い根が痛々しく目の前に立ちはだかっていたりする。自然の猛威に目を見張りながら倒木の下を潜ったり乗り越えたり、迂回しながら進んでいく。汗ばんできたのでヴェストを脱ぐ。

左手に屏風岩が見えだしたが、上半身はガスの中、そそり立つ大岸壁を見ることはできない。

本谷橋が架かる沢に出ると、白く砕けた水が勢いよく谷を駆け下りていく。

「これからお天気も良くなるそうです。僕らは降られてさっぱりでした」

「この先少しきついです。お気をつけて」

などと、川岸で休んでいた若者が口々にわたしたち年寄りを気遣ってくれる。

色づき始めたヒロハカツラのなかを急登する。北穂高岳が見えるという地点にきても、ガスが垂れ込め、山稜の輪郭すらつかめない。

一〇時四五分、お昼には早いが、涸沢の岩が堆積堤になったモレーンが見えだしたところでお弁当にした。いつものように、一人前を二人で分けて食べて、ちょうど腹八分目。

動いていないと体が冷える。またヴェストを着こんで、再び歩き始めた。歩を進めるほどに辺りの赤と黄が濃くなっていく。ナナカマド、ハウチワカエデ、ダケカンバなどの灌木、地表を覆うミヤマダイコンソウやチングルマも足元をしっかり紅に染めている。

最後の急坂を登って、岩の丘の上に立つ涸沢ヒュッテに着く。

受付を済ませて案内された部屋は、二段ベッド式の八人部屋の上段だった。荷物を整理していると、向かいのカーテンの中から「お疲れさん」と日焼けした顔の男性が覗く。

「よろしくお願いします」

写真を撮りに来ているという関西訛りのその男性は、仲間はみんな撮影に出ているという。この時期、ほとんどの宿泊客はプロやアマチュアのカメラマンだそうだ。

一二時を少しまわったばかりだったので、ヒュッテの周りでも散歩しようと部屋を出た。

ヒュッテの外の涸沢カールを見下ろす展望テラスの売店で、わたしはコーヒー、夫は熱燗におでんを注文してベンチに腰を下ろした。

あいかわらず乳色のガスに閉ざされて、眺望はさっぱりきかない。カールの中で色付いた木々も見えない。なのに、そこここにカメラマンが三脚を立てているのが目に付く。

三〇分ばかり休んだころだったろうか、薄日が屏風の頭に射し始めしだいにその姿を見せてきた。

「屏風の近くまで行ってみようか」

涸沢ヒュッテ横に立つ「パノラマコース」と書かれた標識に従って、ナナカマドやダケカンバのトンネルに踏み込む。

一〇分余り歩くと、急に視界が開けた。振り返るとガスが忙しく流れ、涸沢岳と三角形の涸沢槍が現れた。と、思う間もなく北穂高岳が大きくその全容を現してくれた。なんという演出だろう。

ふわふわと流れる真っ白の雲、黒い峨々たる岩の山、その岩の割れ目から流れ出した灰色の岩屑が伸びやかに斜面をつくり、涸沢カールへと落ちる。岩屑は駆け下りながら、途中点々と、あるいはこんもりと樹林を育み、緑のハイマツと赤や黄に染まったナナカマドやダケカンバが、見事なコントラストを見せている。こんなときを一期一会と言っていいのだろうか。

カメラマンが、瞬時に移ろうこの天空の美を物にしようと、じっと待って、自分だけの一枚をというのがわかるような気がする。

コースは小尾根を回り込んだり、沢を横切ったり、思ったよりきつい歩きになってしまった。太いダケカンバの林立している鞍部に出ると、黄色の葉陰から、あの槍ヶ岳の尖塔が小さく、きっと天を指している。ダケカンバの白い幹、クマザサやハイマツの緑に引き立てられた紅葉、黄葉がいちだんと色濃く見えた。

屏風の頭への最後の急な登りの手前で引き返すことにした。もと来た道を降り、周りの山々が群青に暮れなずむころ小屋に着いた。

部屋に入ると、撮影に出ていた人たちがみんな戻っていて、写真談義に花が咲いていた。お互い顔見知りで、みんな小屋の常連らしい。わたしたちは写真の話には入り辛いので、食事に行くからと部屋を出た。

磨き込まれた木造りの落ち着いた食堂での夕食は、唐揚げやサラダ、味噌汁となかなかのご馳走だった。食堂中央の高い天井の梁に架けられた巨大なカウベルは、スイスの旅を思い起こさせ、懐かしさを誘った。

翌朝、五時にはもう、カメラマンたちは、もぬけの殻だった。小屋の外に出てみると、昨日とはうって変って快晴。どこまでも高く青い空に、黒い鋸の歯のような穂高の稜線が、かっきりと空と山を分けていた。

五時二〇分、涸沢岳に陽が射し始めたかと思うと、涸沢槍の先が朝日に染まり、暗かった奥穂高の荒々しい岩稜も白んできた。カールを囲んだ北穂高岳から前穂高岳の山肌を光は駆け下り、カールが目覚めるのにさして時間はかからなかった。涸沢カールは金色に燃えた。

目を凝らすと、はや北穂高岳の斜面を、いくつものパーティーが頂上を目指している。

「わたしたちも北穂高に登れないかなあ」

秋とはいえ、こんなにいいお天気だと、登れそうな気になってしまう。

「北穂高もいいけど奥穂高に登ってみないか」

思いがけない返事が返った。

「奥穂高山荘のある白出《しらだし》のコルまででも……」

と、予定外の夫の提案に驚き、それでも嬉しかった。

サブザックに水筒と少々の行動食、ヤッケを入れて出発した。夏には数百張りもの大テント村が出現するというゴロゴロ岩の広場を横切る石畳の道を行く。

一〇分ほど行ったところで、涸沢のもうひとつの山小屋、涸沢小屋のテラスで香り高いコーヒーを一杯。テラスの正面にカールから前穂高岳がせり上がり、いくつもの鋭い頂が左に続いて主稜線北尾根をなしているのが望める。

七時四〇分、登りにかかる。身も心も染まってしまいそうに色付いたダケカンバやナナカマドの灌木帯を抜け、ペンキの印をたよりに岩屑の道を登る。足を止めて後ろを振り向くと谷の間に常念岳が端正な姿を見せていた。

ざれた岩場の急坂が続く。たまに出会う人たちが「きついですね」と、声をかけてくれるのだが、彼らはさほどきつそうな様子もなくすたすたと追い越していく。何度も何度も立ち止まって、呼吸《いき》を整える度に見上げる涸沢岳と涸沢槍が少しずつ大きくなってくる。

ザイテングラートと呼ばれる細長い岩稜に取り付いた小鞍部で一休みしながら山小屋でもらったルートマップを開く。

正面に堂々と立ちはだかる三一九〇メートルの奥穂高岳、左側に緩やかな曲線を描いているのが吊り尾根、それから再びせり上がった三〇九〇メートルの前穂高岳、恐竜の背の様な北尾根へと続く。奥穂高岳の右は白出乗越へどんと落ち、三一一〇メートルの涸沢岳、先の尖った涸沢槍、更に三一〇六メートルの北穂高岳へ連なっている。

まだ九時だ。わたしたちは紺碧の空にかっきりと刻みこまれた穂高連峰に引き寄せられるようにザイテングラートに歩を進めた。大小の岩の急斜面を直登し、岩を掴み、浮石に注意しながら一歩いっぽ登っていく。途中、鎖場や、短い鉄梯子もスムーズに過ぎ、なんども小休止しながらゆっくりゆっくり高度を上げていった。

「山荘まで三〇〇メートル」の標識に「もう着いたようなものだ」と錯覚したのは大きな誤算だった。いっこうに小屋は見えてこなかった。「まだぁ、まだぁ」一歩も踏み出せないほど足が重い。

降ってきた二人の山男が「その先を回り込むと、小屋が見えますよ」と言って過ぎて行ったがその先までが遠かった。

左にトラバースしたところでようやく穂高岳山荘の石垣が見えてきた。

田舎の木造校舎を思わせる赤屋根の奥穂高山荘は白出乗越に立っていた。山荘前の広場には石畳が敷かれ、大きな自然石で造られたテーブルとベンチで数人が休んでいた。空いている石の椅子に座るとだんだん体が冷えてきて、じっとしていられなくなった。

山荘に入ると、山小屋の従業員らしい人たちが、何かの修理でもしているのか、手にてに工具とロープを持って何やら相談していたが建物の外へ出ていってしまった。お客さんらしい人もいなく、がらんとしていた。受付でラーメンを注文すると、太陽のロビーで待つように言われた。太陽のロビーは小屋の一角に作られた明るい広間だった。中央に薪ストーブが据えられ、八角形の桧のテーブルが周りを取り囲んでいた。壁も床も柱も美しい木肌の桧が使われているのには驚く。窓際の壁には、ぎっしりと山岳図書が書架を埋めていた。今では絶版になっているものもあって、時間があれば読んでみたい本もあった。

ラーメンを食べると体も温まり、元気が出てきた。どちらからともなく「頂上へ登ってみようか」と、欲がでた。山頂までは約六五〇メートル、標高差二〇〇メートルと聞けば登れそうな気になってしまった。

山荘の横手からすぐ急峻な岩場が始まった。どれほども経っていないのに、あれほど明るかった光が薄ぼんやりと遮られ、急に気温が下がってきた。飛騨側から冷たい突風が吹き付ける。しばらく垂直に近い鉄梯子を慎重に登って行く。梯子を握る手袋を通して冷気が伝わって手の感覚がなくなってくる。突然の強風に体が浮き上がる。前を行く夫の脚がぴたりと止まった。

「断念しよう」

きっぱりと言うが早いか、夫は降りの態勢に入っている。わたしは無言のまま夫に従った。梯子は登るより降る方が怖い。足下はすっぽりと切れ落ち、射すような強風は容赦なく吹き上げてくる。穂高岳山荘の赤い屋根が近づいてくるものの、体の芯まで冷え切って震えが止まらず、すこしも気が抜けない。鈍りがちな足の裏の感覚を呼び覚まし、両手の指先に神経を集め、岩を掴み、三点確保を瞬時も忘れず、後ろ向きのまま、一段いちだん慎重に降りていった。

山荘に駆け込んで時計を見るとちょうど正午。登り始めて二〇分しか経っていないのに、長い時間だったように思えた。

だれもいない太陽のロビーのストーブで温まり、手持ちのクッキーを食べたり、温かい飲み物を飲んだり、小一時間休んでまた来たコースを降った。

華やかに燃え立つ涸沢の紅葉を俯瞰し、屏風の頭の向こうに静かに横たわる常念岳、蝶ヶ岳の山並みを眺めながら、先になり後になりしながらカールの底へ帰っていった。

手の届くところまで登っていて断念した奥穂高岳。どこかに悔しさは残った。が、初めから予定にはなかった白出乗越まで登れたことだけでもよかったと思う。

次の朝、一昨日よりも昨日よりも一段と黄が濃く、紅が深くなった紅葉の中を、ちょっぴり心を残しながら、涸沢を後にした。

青く高い空には白い鰯雲が浮かんでいた。

# 木曽駒ヶ岳

夫と二人のゆっくり山歩きに今回は妹のクニコが加わった。彼女とは、五〇年前、父に連れられて登った大山登山以来である。

瀬戸内海を通り、出雲市から日本海へ抜けた台風が日本海で迷走しながら居座っていた。台風一過の好天の期待もむなしく、朝になっても雨が残った。

一九九七年七月三〇日、気持ちを湿らしながら岡山を八時四五分に発った新幹線に、新大阪からクニコが乗ってきた。近年山登りを始めた彼女は、わたしたちよりひとまわり大きい新式のザックを担いでいた。

目指すは中央アルプス木曽駒ヶ岳。わたしにとっては初めての中央アルプスである。

列車の窓から見上げる空はいっこうに明るくならず、名古屋に着いても豊橋へ着いても雨、飯田も雨、駒ヶ根高原の宮田ホテルへ着いても雨。そして夜も降り続いた。

夜明け前、雨は小降りになった。

ホテルを発つころようやく止んだ。

ホテルの近くの菅の台というところからバスでくねくねと中御所谷に分け入り、しらび平からロープウェーで標高二六四〇メートルの千畳敷カールまで一気に上がった。

外は霧雨。三人はレインウェアを着てわたしを先頭にクニコ、夫の順に歩き始めた。

先ずは目の前に立つ駒ヶ岳神社に好天と登山の無事を祈って乗越浄土《のっこしじょうど》を目指す。とはいっても、山はすっぽり乳色のガスの中。そのガスの中からぼんやりとしていた人影が登山道に湧き出すように現れ、こちらに向かって降りてくる。原色のレインウェアやザックが色濃く見えだし、もっと近づいて来ると、無表情のまま「こんにちは」と言って過ぎていく。

歩き始めていくらも経っていないのに夫が遅れだした。体調がよくないらしい。高山病に罹ったのかもしれない。肺を切除してから時々こういうことがあった。少しずつ高度に体を慣らしながら登るのがいい、ということは聞いていた。ロープウェーで一気に上がったのがいけなかったのかもしれない。

ゆっくり登ろうといっそう速度を落とす。先になったクニコが、

「お姉さん、コバイケイソウ」

とはしゃいでいる。登山道脇にふっくらと咲いたコバイケイソウが迎えてくれる。数年に一度開花するというコバイケイソウが、薄黄色の花を房状に立てて咲いている。なにはさておきカメラに

収める。

クニコもまたわたし同様、高山の花会いたさに山に登りを始めたというだけあって、花についてはよく知っている。高山植物の宝庫、白山にも前年登っているし、伊吹山は大阪の家から近いということもあって何度も出掛けているらしい。

わたしのように「植物図鑑」で独学したのとは違い、彼女は「高山植物を訪ねる旅」などというガイド付きツアーに参加して、その知識も豊富である。

「ほらほら、シナノキンバイ、コイワカガミ、ハクサンイチゲ、ミヤマキンポウゲ……」

二人で斜面を埋め尽くす花々を夢中で追いかけている間に登山道はいつしか急になっていた。登りが辛くなると、背負ったままザックを岩にあずけて小休止を繰り返していた。

岩と砂礫のジグザグ道は狭く、遅れ気味だった夫が見えなくなった。ザックを下ろして待っていてもいっこうに現れない。心配になってザックを置いたまま少し降っていった。大きな岩を回ると夫はずっと下の方で立ち止まって休んでいた。

「オーイ」と声を掛けると「オーイ」と、元気な声が返ってきた。

安心してザックの所まで引き返してみると、先を行っていたクニコの姿が見えない。見上げると、岩の重なり合った急な登山道の先に乗越浄土の稜線が横たわっている。もう手の届く所まできているではないか。いくらもかからない距離だ。すぐにザックを背負って急峻な坂をよじ登った。

平らに広がった乗越浄土でクニコはベンチに座り風に吹かれていた。

「お兄さんは、どう……」

「うん、ぼつぼつ来ているけど、迎えに行ってみるから……」

クニコの足元にザックを投げ出し、登山道にとって返した。夫は思ったよりしっかりした足取りで登ってきていた。

わたしが夫のザックを背負って、空身になった夫と乗越浄土に登った。

一服して、宝剣山荘に向かう。

入口を入った所が食堂になっていて、右手奥に受付があった。予約していることを告げて、二階の一号室へ案内された。多くの山小屋がそうであるように、六畳ほどの部屋の片隅には敷布団と掛布団がきちんと畳んで重ねられていた。

低い窓ぎわに荷物をまとめて置いて食堂に降りた。ちょうど昼時だというのに、客はいなかった。

「しっかり食べておかないとばてるから、カレーライスにしようかな」

と、クニコは朝ごはんもしっかり食べて出たのに、お昼もご飯物を食べるという。わたしはもうひとつ食欲がない。汁物なら少しは入るかとラーメンを注文したが、半分も入らなかった。夫はもっと食欲がなさそうだ。二口三口食べただろうか。それなのに、

「ぼつぼつ、駒ヶ岳頂上へ登ってみようか」

と、靴を履く。

「お兄さん、大丈夫ですか」

「うん、まあ、調子が悪けりゃ途中から引き返せばいいんだし」

ウェストポーチに非常食と水筒、カメラを持って行動開始。

相変わらずガスが去来し、視界は悪いが雨が落ちていないだけましだ。岩陰に純白のタカネツメクサが短い夏を謳歌しているかのように凛と咲いている。

「あっ、コマクサ、コマクサよ」

一輪、楚々と花をつけている。

「踏まれないように囲ってあるわ」

コマクサの株の周りに石囲いができていた。後で分かったことだが、コマクサは薬草であるために乱獲され、中央アルプスでは絶滅してしまった。そこで営林署や山小屋関係者が毎年種を蒔いて育てているのだという。

その場所はコマクサの増殖地だったのだ。

コマクサは十数年前、北海道大雪山黒岳で初めて出会って以来、大好きな花になった。ただきれいだとか可愛いからというだけだはなく、こんな場所にと思われる環境の厳しい地形に根を下ろしうつむきかげんにうす紅色の可憐な花を付けるところに心惹かれるのだ。白っぽい細葉との調和も絶妙だ。

そして、この木曽駒ヶ岳にはもうひとつ、憧れの花、エーデルワイスの仲間のコマウスユキソウもあるというのだ。

いったん登った中岳を鞍部へと下り、再び石くれの斜面を登る。

一等三角点のある駒ヶ岳頂上の駒ヶ岳神社の立派な祠に掌を合わせた。それから、傍のお守りやお札を売っている小さな社務所で、病んでいる山好きの父のために病気平癒のお守りを求めた。

頂上からの展望は抜群だというが、あいにくぐるっと白いベールがかかっていて、近くの山がうっすらと見えるだけだった。

「駒ヶ岳2956M」と書かれた標識を入れて記念撮影をした。

夫は登りの途中で口に入れた飴玉のせいか、体が高度に慣れたせいか顔色が良くなっている。

「まだ二時だ。予定通り濃が池を回って小屋へ戻ろうか」

夫の提案に、わたしは一も二もなく賛成したのだった。というのも、その道の途中にコマウスユキソウの大群落があると聞いていたからである。

わたしは先頭にたって縦走路をどんどん進んでいく。花崗岩の岩塊の折り重なった間を埋めるように咲くチングルマを愛でながらも、心はコマウスユキソウにあった。

馬の背に取り付こうという辺りにお目当てのコマウスユキソウはあった。今まで見たどのウスユキソウより小さく、思わず「かわいい」と言ってしまった。

身の丈一〇センチほどの茎の先に、ふわふわの白い綿毛に覆われた星型の花は揺れていた。

コマウスユキソウというのは、この駒ヶ岳周辺にだけ咲くことから、そう呼ばれているそうだ。ガイドブックには大群落があると書かれていたが、花の時期が早いのか、今年の気候によるものなのか、想像しているほど群れ咲いてはいなかった。

もっと先に大群落があるかもしれないと、出会う人もない静かな馬の背と呼ばれる切れ落ちた尾根道をどんどん進んだ。が、コマウスユキソウへの期待は外れた。

このまま進むと、大正元（一九一二）年八月、伊那群中箕輪小学校の生徒・職員・同窓会員一行三七名が暴風雨に遭い、一一名の凍死者を出した新田次郎氏の小説『聖職の碑』にも書かれている遭難記念碑があるそうだ。が、そこまでは行けそうもないし、その予定もない。

途中から濃が池へ降りて、駒飼の池を通って宝剣山荘へ帰る予定だ。

「地図上ではもう濃が池への分岐があるはずなのだが」

夫は何度も地図と現在地を確かめている。分岐点には標識が立っているものだが、ときに風雨などで倒れたままになっていることもある。三人で一生懸命に探したがどうにも見つからない。

「時間からいっても、もうとっくに到達していてもいいはずなんだが」

「もしかして、あの通せん坊をしていた所じゃなかったの」

と、クニコ。そう言われてみれば、縦走路の路肩が崩落した跡に、通行止めとも思われる棒で遮っている場所があった。引き返すにはかなりある。地図によると、もう一か所、下に分岐があるらしい。だれ言うともなく三人はそれを目指して歩いていた。

叢の中に草の生えていない細い道らしい一筋の踏み跡を見つけた。

「あったよ」

わたしは大声で二人を呼んだ。

道であるといえば道だし、そうでないと思えばそうでない細い踏み跡を降り始めた。が、夫はなかなか降りようとはしない。クニコはどんどん行くわたしにしぶしぶついてきた。夫が半信半疑で仕方なく降りだしたときにはわたしはもうかなり降っていた。

最近だれも歩いているふうもないとぎれとぎれの踏み跡を辿った。

右下に池らしい凹地が見えたときには「ばんざぁい」と叫びたい気分だった。

「池、あったよ」

「池があったそうよ」

クニコが夫にリレーすると、「おおう」と、上の方から返事が返ってきた。

湖畔にはたしかに「濃が池」と書かれたしっかりとした標識が立っていた。

昔からこの池のほとりで、木曽・伊那の人々が雨乞いをしたと言い伝えられている。

水量は少ないが静かな水面、ごろごろとした岩、白い砂でできた空間は神秘的で怖いほどだ。岩陰に氷河が削り取ったカールの壁におのがじし自分だけの命を咲かせている白やうす紅色の小花を愛おしく思う。

ひんやりした風が吹きぬけていった。

立ち去り難い濃が池を後に帰途についた。

さほどアップダウンのある道でもないのにまた夫が遅れだした。心なしか顔色も悪い。予定のコースタイムをまだ一時間以上残している。この分だと二時間はかかってしまいそうだ。日が暮れてしまっては一大事。道に迷って帰れなくなる。ヘッドライトを持ってこなかったことを後悔した。わたしはクニコに夫の付き添いを頼んで、山小屋へライトを取りに帰ることにした。

人っ子ひとりいないしかも初めての道に不安がないとは言えないが、そんなことは言ってはいられない。平坦な所や下り坂は走った。上りもいつもよりとばした。まわりの草木や花は全く目に入らない。道の先を目で追いながらも、後のクニコと夫のことが気に掛かった。

途中沢を渡った。梯子で直登したところもあった。駒飼の池の砂や岩屑で埋まった小さな池と、そこから流だした水溜りが行く手を阻んだ。最短距離を行きたくても行けない。仕方なく回った。

ようやく山小屋が見えてきた。が、行ってもいってても近付いた感覚はなかった。気ばかりはやるが疲れた足は思うようには運ばない。

最後の急登を登り切って小屋の戸を押すと、中にいた数人の眼が一斉に刺さる。

「すみません。ご心配をかけて」

「……」

「夫がばてて、でもゆっくり歩いて帰ってきています。暗くなると、道を迷うかもしれないので、ヘッドランプを持って迎えに行きます」

「……」

わたしは、水筒を満杯にし、チョコレートとヘッドランプを持って小屋を駆け出した。さっき一人で帰った道をとって返した。

駒飼の池の向こうに二人の小さな姿を見つけて手を振ると、二人も手を振っている。ゆっくりだがしっかりと歩いている。一刻も早くと飛ぶように足を運んだ。

思ったより近くまで帰ってきていた。

夫は、チョコレートを食べ、水を飲んで一息つくと、

「さあ、行こう」

と立ち上がって、先にたって歩き出した。

クニコは「ご飯をしっかりたべなかったのがよくなかったんだ」という。駒ヶ岳の頂上で「まだ二時」と言ったのもよくなかった。「もう二時」と言わねばならなかったのだ。山小屋へは遅くと

も午後四時迄に着くというのが常識なのだが、お昼に入っていること、荷物を置いて身軽になっているということなどの甘えがなかったとはいえない。

わたしは、黒部五郎小舎で暗くなっても着かない老夫婦を心配しながらみんなで待ったことを思いだした。大天井岳の小屋で二二時頃着いた若者が小屋の主人にものすごく叱られているのも思いだした。

一八時五五分、なんとかライトの明かりのご厄介にならずに帰り着くことができた。

「ご心配をお掛けしました。申し訳ありません」

三人で深々と頭を下げた。が、小屋の人たちは何も言わなかった。

冷えた夕食はなかなか喉を通らなかった。

部屋に戻ってみると、同年配のご夫婦が荷物を下ろしていた。写真を撮りに来たのだが、天気がもうひとつよくなかったと、カメラの手入れをしながら話していた。

遅くに風がヒューヒュー唸り、枕元の隙間から冷たい風が肩を冷やしてなかなか眠れなかった。

翌朝六時四五分出発。小屋の外は青空が広がり、太陽が眩しい。昨日は見えなかった宝剣岳が目の前に峨々たる姿で迫っていた。夫の体調もまあまあのようだが万全ではない。宝剣岳へ登る予定を中止して、ゆっくり千畳敷カールのお花畑を楽しみながら降りることにした。

紺碧の空に突き上げた宝剣岳の白い岩が鋭く折れ曲がった稜線を描いていた。

その裾をミヤマキンポウゲの黄が染めつくしている。

八丁坂の標識の立っているところから散策路を左にとって剣ガ池を廻った。今まで知らなかったムカゴトラノオやヤマブキショウマなどクニコに教わった。

天気と体調には恵まれなかった山だったが、多くの花たちに出会い、クニコに助けられ、一緒に楽しんだ山は大きな喜びだった。

間もなくロープウェーの改修工事が始まるという。

一年間、山は静けさを取り戻すことだろう。

# 五色ヶ原から黒部湖へ

九年もの心残りであった五色ヶ原を歩いた。

一九八九年夏、立山から剣岳に登り室堂に戻り、五色ヶ原から薬師岳へ足を延ばす計画を立てて出掛けた。が、この年は残雪がことのほか多く、雪道の歩行に時間と体力を使いはたした。室堂小屋で山靴を脱ぐと、疲れがどっと出て、五色ヶ原から薬師岳への縦走を諦めたのだった。しかし、花好きにとってはどうしても諦め切れず、夏が巡りくるたびに、五色ヶ原への思慕はつのるばかりだった。

五色ヶ原は標高二五〇〇メートルほどの高原だ。いつでも楽に登れると、高を括っているむきもあった。しかし、九年の体力の衰えは予想外に大きく、ゆっくり歩きをモットーとするわたしたちのコースタイムを、大幅に修正しなければならない山行になった。

一九九八年、梅雨明けは例年になく遅かった。

「梅雨明け一〇日」といわれ、山登りには絶好といわれる七月二〇日になっても、夏空はなく、降ったり止んだりのはっきりしない天気だった。新幹線と中央線特急雷鳥九号を乗り継いで昼過ぎに富山に着いたころ、太陽が顔を出した。これでもう梅雨が明けるのかと喜んだのも束の間、美女平近くで、またどんよりと曇り、室堂ターミナルに降り立つと、雨がぽつぽつ落ち始めた。見上げる山稜には厚い雨雲が垂れ込めていた。しばらく待ったが雨は弱まらない。弱まるどころか風まで出てきた。

気を取り直し雨具に身を固め、雨の中を一の越山荘へ向かって踏み出した。九年前と違って室堂平の雪はすっかり消えていた。

浄土山北斜面の登山道はよく踏み固められていて、小さく残った雪渓も歩きやすい。わたしたちと後になり先になりして登っている年配の男性三人組のほかには登山者の姿はなかった。

一七時一五分、立山の主峰雄山の下に立つ一の越山荘に着いた。

収容人員三五〇人ともいわれる山荘は珍しく空いていた。夕食も入れ替わりなしでゆっくりとることができた。

窓を叩く激しい雨音を聞きながら、いつしか眠っていた。

一夜明けて、夫は眠れなかったと冴えない顔。体調がよくないらしい。

夫の体調をみながら七時、ザックを担ぎ、山靴の紐を締めた。遅いスタートだ。小屋泊まりの登山者は夜明けとともに行動を開始し、もうとっくに小屋から姿が消えていた。

空には雲が広がり、その間から色褪せた小さな青空が二つ三つのぞいていた。

山荘前の鞍部に立っている指導標に「右雄山　左五色ヶ原」とある。わたしたちは左に歩を進める。浄土山分岐までの緩い岩屑の縦走路には、ミネウスユキソウやタカネツメクサが岩陰に群れて咲いている。

人の姿はほとんどなかった。どうやら目指す五色ヶ原は立山や剣岳のような人気はないのかもしれない。しかし、高山植物のファンにとってはたまらない花園だが、やっぱり天候のせいだろうか。

人の声がして、ガスの中にぼんやりと建物が現れた。富山大学立山研究所だ。

「このあたりから、五色ヶ原や薬師岳がよく見えるはずだがなぁ」

と、夫。しかし、展望は全くきかない。

緑のハイマツと白い岩の積み重なった竜王岳の巻道をゆっくり行く。多少の登り下りはあるものの楽な道だ。時折ガスの切れ間からハイマツの大斜面が現れ、高山植物の群れに目を奪われる。ミヤマダイコンソウの黄、ダイモンジソウの白、ハクサンフウロの薄紅、クルマユリの橙、ミヤマクワガタの桃色など、とりどりの花たちが五色ヶ原への序奏曲を奏でているかにみえた。

五色ヶ原方面からくる単独行の若者と行き交いざまに「お花きれいですね」とこんにちはの代わりに声を掛けると「はあ」と、応えとも吐く息ともとれるような汗臭い返事を残して足早に過ぎる。

振り返ると、青い大きなザックはもう山の端を回るところだった。健脚といえば健脚だが、山での人との出会いも楽しみに山歩きをしているわたしたちにしてみれば「何をそんなにいそぐのか」と言いたい。

「いやぁ、五色ヶ原から一の越まで何時間で歩いたとか、もっと先の山小屋まで何時間で行ったとか言いたいやつらもけっこういるからな」

「それに、このごろは百名山を何日で踏破したとかね」

「六五だ七〇だと言っているので齢かと思っていたら百名山踏破の数だったり」

人それぞれでいいではないか、というのがいつもわたしたちの落ちだ。

やがて右手から、薄絹のカーテンを一枚いちまいめくるようにガスが晴れて、黒いごつごつした岩山が出現した。

「山、山が見える。雪渓も……」

後ろから来る夫に大声で知らせた。次々にカーテンは開いていった。夫は地図を開いた。

「手前が鬼岳、後が獅子岳」

怖い名の付いた個性をもった山容だった。

天気は回復するかにみえた。

鬼岳東面の鞍部で小休止。オレンジを半分ずつ食べる。甘酸っぱいジューシーな雫が喉を下りていく。山で口にするものは、いつもの味の二倍も三倍もおいしい。
オレンジに元気をもらって、小さな乗越を降り、雪渓のトラバースにかかる。雪渓を横切る踏み跡はしっかりついていて、迷うことはない。あんなに嫌がっていた杖を今回から使い始めた夫は、調子よさそうに雪上を歩いている。

崩れやすいジグザグを降り、もうひとつの雪渓を渡り、獅子岳の登りにかかった小岩で、少し早目の昼食にする。山小屋で持たせてくれたお弁当は、大きなおにぎりに塩鮭、胡瓜のしば漬け。お腹が空いているはずなのになぜか二人とも食欲がない。一人前を二人でやっと押し込んでいたら、また雨が落ちだした。お昼休憩を早々に切り上げ、雨具を着て、獅子岳の頂上を目指す。ざれたジグザグの急坂は辛い。いくら発汗性繊維のゴアテックスの雨具だとはいえ、ぐっしょり汗をかく。前のボタンを開けて風を入れればいくらかは涼しいが、その代わりに傘をひろげねばならない。折りたたみ傘は風に弱い。傘をさしたりたたんだり、前ボタン開けたり閉めたりしながら、二七一四メートルの獅子岳山頂近くの尾根道を辿った。

眼下にザラ峠が見える。長い急な下降が始まる。傘をたたんで両手を空けて梯子を降りる。それから右に左に大きく小さく何度も折れる。どちらかというと降りに強いわたしは、岩礫の急斜面をどんどん降りていくのだが、何度折れてもまだ先は続く。遠くで雷が鳴る。周りを見回したが、雷を避けられる場所は見当たらない。雷雲が近付かないうちにザラ峠まで降りていたい。それなのに夫は傘をさしたままゆうゆうと降っている。「はやく、はやく」と手招きすると「先にゆけ」というように手を振る。わたしが雷をどんなに怖れているのかを知っている夫は、傘を振って「行け、行け」と繰り返す。わたしは一目散に降った。

ザラ峠へ降りると凹地があったので一安心。

幸い雷雲は近づかなかった。

夫はゆっくり降りてきている。近くまで来ているはずなのに姿が見えない。と、せり出したこぶの陰から突然現れる。ジグザグの道を行ったり来たりで時間がかかった。

キャラメルをなめ、お茶を飲んだ。水筒の水が空になった。水がないというのは心細い。

「なあに、ここまで来ればもうすぐだ」

地図を広げて現在地のザラ峠と五色ヶ原を指示した夫は、ザラ峠という名は、岩屑がざらざらしているところから付けられたのだという。そして、太閤記の「越中サラサラ越えのこと」を続けた。

天正一二（一五八四）年一二月、時の越中富山城主、佐々内蔵助成正が約九〇人の兵を引き連れて、厳寒の峠越えは苦難の連続だった。針の木峠を通ってようやく大町へ辿り着き、更に浜松に赴いて、織田信長や家康に豊臣秀吉と戦う依頼をするのだが、織田信長や家康は秀吉と和解しており成正の願いに応じず、むなしく富山に帰ったという説話の残っている舞台だという。

当時何を着、何を履いて峠越えをしたのだろう。四〇〇年もの昔に思いを馳せていた。

時折ガスが流れた。

緩やかな登りが終わって、五色ヶ原にとりついた。一五時過ぎというのに、日暮れかと思えるほど薄暗い。だんだん遅れだした夫をおいていくわけにもいかず、飲み物がなくなってしまっていてはぐずぐずもできない。気ばかり焦る。夫の脚の動きはますます悪くなっていた。

木道が始まった。五色ヶ原ロッジへの道と別れて、まもなく平坦になった木道の先にうっすらと今夜の宿、五色ヶ原山荘が見えてきた。

ここまでくればもう大丈夫と、わたしは一人先を急いだ。小屋に自分の荷物を預けて飲み物を買って、折り返し夫を迎えに来ようと思っての行動だった。走るようにして小屋に向かった。

「人を迎えにいってきますので荷物を預かってください。それから飲み物を」

と、オレンジジュースとスポーツドリンクを買って、とって返した。夫は少し近づいてはいたが足取りは重い。

「ちょっと休憩しましょう」

木道に腰かけてスポーツドリンクを飲んで少憩した。夫の荷物を担いでゆっくり小屋へ向かう。

一六時ちょうど五色ヶ原山荘に着いた。

「こんにちは、お世話になります」

「お疲れさま」

山荘の若主人がにこやかに迎えてくれる。脇で男の子がぴょこんと頭を下げる。若主人の子どもらしい。受付をしているあいだも父親のそばを離れようとしない。

一年生のケイタ君は、夏休みになった昨日、室堂から歩いて来たのだという。わたしたちの歩いたルートだ。こんなに小さいころからあの山道を歩いて鍛えられるのかと感心した。

「二泊お願いします」

「今年はもうお花が終わってしもうて……雪が少なかったもんで、ひと月早かったんですよ」

「でも、それじゃあ梅雨でお天気が悪かったのでは」

「いや、下界は雨でも、雲の上はええ天気です。今年の花はそりゃきれいでした」

小屋の中は静かだった。靴箱の靴も少ない。

二階三号の六畳個室だった。

売店で買ったジュースを飲んでいると声が掛かった。

「お風呂にお入りください」

広々としたお風呂にはお湯がなみなみと溢れていた。シャンプーも石けんも使用禁止だが、汗を流して温かいお湯に脚を伸ばすだけで十分贅沢だ。一人ぼんやりお湯に浸かって、朝からのことをあれこれ思い返していると、同年配の女性が二人入ってきた。今日一の越から来たのだという。わたしたちより早く出て先を歩いて来たのだろう。明日はまた一の越へ戻るそうだ。わたしたちはもう一泊して、明後日黒部湖へ降りる予定だというと、しきりに羨ましがっていた。

食堂でまた会った。彼女たちは四人グループのようだ。彼女たちの他、わたしたちと中年男性二人組みの総勢八人が、その夜の宿泊客の全てだった。

食後布団に入った。夜中に雨垂れの音がしていた。

「ご来光だっ」

夫の声に目が覚めた。東に開いている部屋の窓から、黒々と横たわる後立山連峰の空が明るく輝き始めている。窓を開けると冷たい風が吹き込んできた。稜線の一点が白く輝き、光のすじが放射状に伸び、暗い山肌を照らすまでに時間はかからなかった。

日の出、五時と夫はメモに記した。

五時二〇分、食堂に下りてみると、もうみんな食べ終えたのか、わたしたち二人だけだった。あと一泊するのだから急ぐことはない。

東と北に大きく開いた食堂の窓から、緑の草原五色ヶ原と後立山連峰が望める。従業員が小屋の周りを忙しそうに行ったり来たりしている。

若主人が嬉しそうに言う。

「今日はヘリが来るんですよ」

納得。よく見ると、従業員は空き缶の入ったネットをいくつも運び出している。

「何時に来るんですか」

「天候の都合で、何時とは決まっていないんです」

一度顔を出した太陽は、雲に覆われてしまった。谷底にガスが動いている。

「今日はお天気どうなんでしょう」

「よくなるはずですよ」

若主人が言ったとおり、七時前、雲が切れ、しだいに青空が広がった。

「よし、鳶山まで行こう」

お昼には戻る予定で、ザックに地図、水筒、オレンジ、あめ、雨具を入れて小屋を出た。

昨日は見えなかった草原と、周りの山々の姿がどぉんと目に飛び込んできた。

これが五色ヶ原……広い。とにかく広い。静かだ。人の姿も車も視野の中には全くない。これほどの広大な世界を独り占めにしている贅沢ってあるだろうか。

わたしたちは山荘前から薬師岳方面に通ずる道を行く。山荘の周囲に燃料用のドラム缶や水を貯える大きなタンクがいくつも置かれているのが目に付く。

「このタンクのお蔭でお風呂へ入れるのね」

「昔は山で風呂に入るなど考えられなかったもんな。小屋はきたなく、お粗末な寝具だったし、風呂などむろんなかった」

と夫は、若いころの山小屋のことを懐かしそうに続けた。

彼は昭和二五（一九五〇）年ごろから夏休みを利用して、同僚と北海道の大雪山や北アルプス、南アルプスなどへ出掛けていた。が、勤務高校の山岳部顧問をするようになって、遠方の山ではなく、中国地方の大山をはじめ三瓶山や道後山などに生徒と一緒に登ることが多くなって、北アルプスや南アルプスへの足は遠のいていた。

若主人が言ったとおり広い草原の花は終わっていた。しかし、鷲岳《わしだけ》下の雪渓のほとりには、チングルマが雪解け水をたっぷり吸って群れ咲いていた。それから緩やかに登っていく鳶山《とびやま》の登山道脇は百花繚乱。アオノツガザクラ、タテヤマリンドウ、ハクサンイチゲ、コイワカガミ、オトギリソウ、ミヤマキンポウゲ、タカネヨモギ、ヤハズハハコ、ゴゼンタチバナ、ハクンフウロ。何度もなんども足を止めた。今回初対面の白花のハクサンフウロの可憐で清楚なこと。慎重にシャッターを切った。

標柱がなければ、頂上とわからないような標高二六一六メートルの鳶山頂上だった。眼下には五色ヶ原と後立山連峰が一望できる。薄緑の草原に点在する濃い緑のコントラストが美しい溶岩台地は緩やかに黒部の谷へと落ちている。その真ん中に立つ赤屋根の五色ヶ原山荘。その後方に昨日苦労して降ったザラ峠の電光型の道が山肌をひっかいたように見える。

立山から剣岳への山並みも力強い稜線を描いている。南の方の手の届きそうなところに越中沢岳、その奥に北薬師岳、薬師岳が雄姿を見せている。西の雲海の切れ目から、時折槍ヶ岳がのぞく。

透明な空気に包まれて、鳶山のてっぺんらしくないてっぺんで一時間余りを過ごした。誰に会うこともなかった。身も心も雄大な自然の中に同化してしまいそうな気がした。

物音ひとつない。視野の中にある人の手によったものといえば、さいころほどに見える赤い五色ヶ原山荘だけである。

時折吹く風が岩の上のか細い草を揺する。

都会に暮らすわたしたちに、こんな静かな時があったろうか。車のエンジン音、テレビやラジオの音、エアコンの室外機から吹き出す音、いつ鳴り出すかわからない電話やドアチャイム、犬や猫の鳴き声など四六時中騒音に慣らされている聴覚が戸惑っていた。

夫はザックから缶ビールを取り出して飲み始めた。この広大な眺望を独り占めにして飲むビールはさぞおいしかろう。

ビールをゆっくり飲みながら、三〇年も前にこの辺りを歩いた時のことをぽつりぽつりと話しだした。

米と味噌は自分で持って行くのが当たり前だったこと、よほど印象深かったのか、スゴ乗越小屋で食べさせてもらったウサギのことなど、今日の山小屋からは想像もできないような話をした。

スゴ乗越小屋は、ここ鳶山からすぐ目の前の越中沢岳を越えた向こうの乗越にある山小屋だという。すぐにでも行けそうな気がする。

「行きたいなぁ、行けそうよ」

「いや、もう無理だろう。九年前なら行けただろうがなぁ」

九年前、剣岳登山の後、五色ヶ原からスゴ乗越に泊まって薬師岳へ縦走する計画を諦めたことが悔やまれる。

今夜も五色ヶ原山荘に泊まるのだから急ぐことはないが、一時間も座っていると冷えてきた。

「ぼつぼつ降りようか」

と、立った時、彼方からブーンという音が聞こえてきた。まるで蛾でも飛んでいるかのように、ヘリコプターが谷間から現れた。ブルンブルンとしだいに音は大きくなり蛾がトンボになった。機体の腹から出たロープに荷物がぶら下がっている。五色ヶ原山荘の上までくると、赤白の機体は空中に浮いたまま荷物を下ろし、別の荷物をぶら下げて谷の方へ飛んでいった。その間、ものの数分。少しするとまた飛んできて、荷物を交換していった。

「こうして、ヘリで荷揚げするようになって、山小屋の設備も食事も良くなったんだ」

人が背中に担いで山道を運んでいたときとは隔世の差がある。山小屋がきたなかったのも食べ物が貧しかったのも当たり前といえば当たり前だ。

ヘリコプターが遠のくと、また音のない静寂が戻った。

降りは楽だ。登るときには見えなかった花々がいくつも目に付く。視線が変わっただけでもなさそうだ。一面に咲いている花もあれば、二、三輪ひっそりと寄り添っているのもあった。「まあ、可愛い」と話しかけながら、その姿をカメラに納めながら降っていると、山小屋に続く木道をこちらに向かっている三人がいる。服装や歩き方から山小屋の人たちだとすぐにわかった。昨日出迎えてくれたケイタくんが、ぴょんぴょんはねるように後になり先になりして近づいてきた。

「おじいちゃん、おばあちゃんとお散歩ですか」

「いやぁ、水源を見にいきよんですわぁ」

やっとこを手に持ったケイタくんのおじいちゃんが、鳶山の斜面に残った雪渓を心配そうに見上げた。

「今年は雪が少ないで、夏の間、水がもつか気がかりで……」

雪渓はかなり大きく残っているように見えるが、それでも例年に比べると少ないらしい。三人は木道の片側に寄って道をあけてくれた。

昼間の山小屋はひっそりとしていた。食堂にもわたしたちの他に客はいない。

午後になるとガスが去来し、時々青空が見えたと喜んだが、雨になってしまった。部屋で休息ときめこみ、高山植物の写真などを見ながら過ごした。

夕食だと声がかかったので行ってみると、いつ来たのか、席はもうほとんど詰まっていて、奥の方が数席空いているだけだった。今夜は賑やかだ。後から入ってきた見上げるほどの大柄な外国人男性二人が、わたしたちの正面に陣取った。

「ドコノクニカラキタノデスカ」

と、下手な英語で訊ねると、ニュージーランドだとうまい日本語で答えた。隣の夫がくすりと笑っている。わたしは懲りずに、

「ニッポンニ、ナンニチタイザイスルヨテイデスカ」

「約二か月です。北アルプスから南アルプスをみな歩くのです」

「アシタハドチラヘ」

「スゴ小屋、それから薬師岳へ行きます」

彼らは箸をうまく使って、ハンバーグや付け合わせの千切りキャベツを食べながら話す。ご飯も味噌汁も沢庵や芝漬けなどの漬物も、外国人とは思えないような食べっぷりで、どんどん平らげていく。食事が終わると地図をひろげ、なにやら早口にしゃべる自分の声を小さな携帯録音機へ吹き込んでいる。おそらく日記代わりに、その日の行程を声で記録しているのだろう。わたしは邪魔にならないように部屋へ引き上げた。

「ニュージーランドの山岳ガイド二人が、日本の山を歩いているという記事を新聞で見たのを思い出した。二年がかりで、日本中の山を歩くんだそうだ」

と、部屋に帰ってしばらくして夫が言う。

「ニュージーランドでガイドブックでも書くつもりかしらね」

次の朝、玄関横の乾燥室でまた彼らに会った。わたしが小屋の外まで送って出ると、いっしょに写真を写そうと言う。彼らのカメラで一枚、わたしのカメラで一枚撮ると、

「また、ニュージーランドへ来てください」

と大きなザックを担いだ。大きなザックも大柄な彼らに背負われると小さく見えた。二人は手を振って木道を歩いて薬師岳の方へ向かっていった。

六時四五分、この日も遅い出発だった。黒部湖まで降りばかりの行程だというので高を括っていた。

五色ヶ原の真っただ中を緩やかに降っていく。雪解けが遅い谷側の斜面をチングルマとアオノツガザクラが覆い尽くしている。コバイケイソウも咲いている。平年通りの雪解けならば、この何倍も広い五色ヶ原の草原一面が、花で埋め尽くされていることだろう。残念に思いながら振り返ると、五色ヶ原山荘が「また、花の季節においでよ」とでもいうように緑の丘の上から静かに見下ろしていた。

ハイマツやシラビソの林を過ぎた。

登山道の脇にベニバナイチゴがルビーのような実をつけている。そっとつまんで口に入れると、

甘酸っぱい香りが口の中に広がる。わたしは子どものころ、近くの山で木の実や草の実を採るのが得意だった。どこにキイチゴがあるとか、いつグミが熟すとかよく知っていた。子どものころ養ったお蔭か、山歩きをしていて、食べられるものをよく見つける。そんなわたしを夫は「泥棒の目」をしていると嫌味を言う。嫌味をいいながらも、わたしがすすめると、まんざらでもない顔をして二つ三つベニイチゴをつまんでいる。町育ちの夫にも初めての味でもあるまい。

降りに強いわたしはどんどん進んだ。夫はマイペースなのか足音が聞こえなくなった。気になって後ろを振り向いた。振り向きざまにどこかで見た、いえ、本物は一度も見たことのない黒いものが目に入った。

「熊だっ、熊だっ、熊、熊、熊、熊だっ」

ありったけの声を張り上げた。小さな谷を隔てた小尾根から、大型犬をもうひとまわり大きくしたほどの熊が伸びあがるようにしてこちらを見ている。いつからわたしに気付いていたのだろうか。夫はまだ来ない。わたしも伸びあがって熊と対峙した。一気に跳びかかってくるほどの距離ではないと思ったから多少は冷静でいられた。あるいは熊の方でもこのくらいの距離ならば、さほど身の危険はないとふんだのかもしれない。しばらく睨み合ったが、熊は四つん這いになって、ゆっくり尾根を登りだした。低い灌木に隠れて姿が見えなくなった。が、二、三〇メートル登った辺りで、もう一度立ち上がって、こっちを向いた。わたしが動いていないことを確認したのか、またすぐに姿を隠した。

　夫が現れた。その間、ほんの数分だったはずだが、とても長く思えた。「熊が出た」と言っても、半信半疑の様子。とっさにわたしが大声でソーラン節を歌い出したものだから、びくっりした夫もいっしょに歌い出した。なぜソーラン節かと訊かれても答えられない。気が付いたら、ソーラン節を歌っていたのだった。以前北海道の旭岳に登った時、熊が出た話とか、「熊出没注意」という立て看板を見たことはあったが、まさか、北アルプスで熊に遭遇するなどと思ってもいなかった。熊は人の気配を感じると近付かないものだという話を体のどこかが憶えていて、反射的に口をついて出たのがソーラン節だったというわけだ。あれがもっと近距離だったらどうなっていただろうと思うと背筋が寒くなる。

　姿が見えなくなった熊は逃げていってくれたが、もしかして別の熊が近くにいないとも限らない。二人で声がかれるまで何度も繰り返し歌っていた。

　朽ちた指導標が立っている刈安峠に着いた。ちょうど一〇時だった。どちらからいうともなく、岩に腰を下ろして休憩をとることになった。最後のオレンジを剥いた。果汁が喉を下っていった。二〇分の休憩の間も、熊の恐怖は、頭から離れなかった。大きな声でわたしたちの存在を知らせるためだけに、たわいないことを喋っていた。

　刈安峠で尾根通しの道が終わって、右に左に大きく折れ曲がる急坂が続いた。うっそうとブナやダケカンバが天を覆い、昼間なのに薄暗い。眺望もなく、変化のない道は行けどもゆけども終わりそうもなかった。

辺りが明るく開け、ヌクイ谷の白い川原が見えて、ようやく黒部湖湖畔に出た。ここまで来ればもう熊の心配はない。足を止めて深呼吸をした。緑の風がおいしい。水をたたえた湖の正面に針の木岳が頭を覗かせていた。

湖畔から少し高い所に立つ平の小屋まで一〇分とかからなかった。

ちょうど一二時。ブナに囲まれた小屋の周りには人影はなく、静まり返っていた。玄関脇の小さな水槽に山から引いた水を溜め、缶ジュースが沈められていた。

小屋の入口を覗いたが、人の気配はなかった。

「こんにちは」

「……」

もう一度大きな声で呼んでみた。

ややあって二階から足音がして、三〇歳過ぎの細身の女性が降りてきた。

「ジュースをいただきたいのですが」

「どうぞ取ってください」

と、無愛想にいうと、また二階へ駆け上がっていった。

受付のカウンターの上に代金を置いた。ジュースはよく冷えていた。ブナの木陰のベンチで、弁当を開いた。黒部湖から吹き上げてくる風が心地いい。

昔の平の小屋は、黒四ダム完成後、湖底に沈み、この小屋が建てられたのは昭和三八（一九六三）年だという。当時としてはモダンな小屋だったろう。それから幾年も、風雪に耐えてすっかり周りの風景に溶け込んでいた。

小屋のスタッフは忙しいのか、誰も姿を見せることはなかった。

わたしたちは平の渡しへの下り道を右に分け、黒部湖の左岸を「ロッジくろよん」へ向けて歩き始めた。道は湖よりかなり上についていた。見え隠れする碧い湖面は鏡のように静かだった。山裾を巻く道は、木々が陽射しを遮って涼しかった。が、沢が落ち込みその近辺が崩壊して、けっして歩きいいとはいえない。崩壊した危険個所には、長いものでは二〇メートルはあろうかという梯子が垂直に近い角度で掛けられていて、その昇り下りは緊張の連続だった。そんな梯子は長短合わせると、二〇箇所はあったろうか。

滝のしぶきをシャワーのように浴び、道を遮るように倒れた大木の下を潜ったり乗り越えたり、切り通しの岬を回り、涸れたルンゼ（急峻な岩溝）の入り江を巻いたりしながらアップダウンを繰り返した。

疲れてきた。ことに夫の疲れはかなりのように見えた。平の小屋から「ロッジくろよん」までのコースタイムの三時間を過ぎてもいっこうに小屋らしいものは見えてこない。行き交う人の全くいない山道で、迷いでもしたら一大事。それに、予約している小屋に迷惑を掛けることになる。

「わたし、明るいうちに急いで小屋まで行って、引き返して迎えに来るからね」

と、先を急いだものの後を歩く夫が気にかかった。気付けば小走りになっていた。

湖へ張り出した岬の対岸の森の中に建物がちらっと見えたときはほっとしたが、それも束の間、どんどん深く入りくんだ谷の奥に向かい遠のいていく。やっと黒部湖左岸に注ぐ御山谷の大きな河原、御山谷出会を渡るとようやく、方向を変えて、ロッジの方へ向かった。

対岸は見通せるのだが、夫はまだ来ていないらしい。動くものは何も見えない。

細い道を辿り、ダンボ沢へ降りて木橋を渡ると、五分ほどで石垣の上に立つロッジに着いた。

まだ外は明るかった。それにわたしにはまだ、迎えに行く体力も残っていた。

受付に出た男性に荷物を預けて、遅れている夫を迎えに行くことを告げた。建物の脇の自動販売機で、なるべくカロリーの高そうなジュースを二本求め、取って返した。

対岸には相変わらず人の姿はなかった。そんなに遅れているはずはない。「おーい」と呼んでみたが返事はなかった。どこまで来ているのだろうか。心配になった。後に残して一人で先に行ったことを後悔した。

一五分ほど行った所で、もう一度呼んだ。「おーい」と近くで元気な夫の声が返った。ほどなく、しっかりとした足取りで現れた。

「いやあ、まいった、まいった。思いのほか遠かった」

もう先もわずかだし、日没にも間がある。ジュースを飲みながら歩いた。

朝、五色ヶ原を出て一二時間。やっと山靴の紐を解いた。その間、平の小屋の女性に会っただけで、誰にも会わなかった。

熊に遭ったり、荒れた湖畔の長丁場に心細くなったり、こんな山歩きも初めてだった。

# 利尻岳・礼文島

エベレストの未帰還者、マロリーは「なぜ山に登るのか」という新聞記者の問いに「そこに山があるから」と答えたのは、あまりにも有名な話である。

わたし自身山に登るといえるほどの山には登ってはいないが、それでも登りの厳しさにしんどい思いをしたり、重い荷物に苦しんだり、雨に濡れて冷たかったり、強い陽射しにうんざりすると、「こんな辛い思いをしてまでなぜ山に登るのか」となんど自問自答したことだろう。しかし、家に帰ればまた山に行きたい。今度はどこの山に登ろうかなどと、性懲りもなく次の計画を立てているのだった。そして、

「なぜ……」

「そこに花があるから」

と、マロリーを真似て答えるのも、あながち嘘ではない。

今度の山には、どんな花が咲いているのだろうか。思いを募らせて、一歩いっぽ汗を拭きふき登っ

た山で、お目当ての花に出会うこともあれば、思いがけない群落に小躍りしたこともあった。が、すでに咲き終わった花がらばかりを見て残念がったり、咲いているはずの花を探し求めて来たのに、どうしても見付けられなくて、悔しい思いをしたことも度々だった。

最果ての花の浮島、利尻・礼文も憧れること久しい山だった。

わたしたちが利尻・礼文行を思いたったのは二〇〇〇年六月の初めだった。航空券、宿の予約のために、夫は何度も電話で連絡を取り、七月二六日から六泊七日の計画ができた。

花の盛りはぼつぼつ終わるころだという。

岡山空港から、羽田経由で稚内に飛び、翌朝、稚内港七時五〇分発のフェリーで利尻島を目指した。

雲が低く垂れ込め、甲板に出ると、強い風が冷たい。海に乗り出すと、いくぶん明るくなってきた。正面に伸びやかに裾を引いた利尻岳がだんだんと大きくなった。噴火によってできた利尻は島全体が山だった。山肌にたなびく白い雲間から見せる姿は、利尻富士と呼ばれるにふさわしい端正な姿で、海にすっくと座していた。

二時間ほどで鴛泊港《おしどまりこう》に着いた。

地図をたよりに、予約しておいた民宿「うめや」を探す。いくらも歩かないうちに坂道になった。

海からすぐに山が始まっていた。

通りに面した右手に、ちいさな看板をあげた「うめや」を見つけた。帳場から顔をのぞけた民宿の若い衆が、これからポン山に登りたいというわたしたちを車で登山口まで送ってあげようという。

荷物を部屋に置いて、サブザックに雨具と水筒、行動食を少々入れ、カメラを持って出発する。車は舗装道路をしばらく走り、利尻北麓野営場で止まった。

緩やかな登りは登山というより、散歩といいたいような、気持ちのいい木陰の径だった。一五分ほど歩いたところで、日本名水百選のひとつ甘露泉《かんろせん》に着いた。掌で掬って一口飲んでみると、なるほど冷たくておいしい水だ。稚内のホテルで入れたお茶を捨てて甘露泉の水で水筒を満たした。

利尻岳への登山道と別れてエゾマツやトドマツの樹林帯を登る。次第に登りがきつくなると夫は遅れがちになった。汗を拭きふきゆっくり登って行った。

樹林帯が切れてぽっかりとした標高四四四メートルのポン山にでた。頂上に立つと、樹海の上に利尻岳が浮かんでいるようだ。足元には、がらがらの石屑にしがみ付くように瑠璃色の小花が風に震えている。イワギキョウだ。あたりをよく見ると人に踏まれないような崩れ落ちそうな斜面に群れ咲いている。中に珍しい白花もあった。

麓の村から、正午を知らせるサイレンが聞こえた。お弁当の用意がないのでクッキーとオレンジで昼食を済ませた。

「せっかくだから、姫沼へ回ろうか」

笹原を進み、樹林帯に入っていく。登ったり降ったり、いくつもの沢を渡った。ずいぶん歩いたような気がしたのに「ポン山から二・三キロ、姫沼まで一・七キロ」と書かれた道標を見てがっかりした。

ようやく姫沼の湖面が見えて湖岸に出た。ここまで降ると、バスツアー客が大勢沼の周りを散策していたり、写真を撮り合っていたりしていて賑やかだ。

湖岸から見えるはずの利尻の山容はガスの中だった。

しばらく休んで、広い舗装道路を海岸まで降り、海岸沿いの道を歩いて宿に帰った。

翌朝、利尻岳へ登るなら、五時に車を出すと言われた。ゆっくり歩きのわたしたちの目標は八合目の長官山と決めていたので、もう少し遅くてもよかったが、早く発つのもいいではないかと、五時発の車を予約して休んだ。

軒を打つ雨の音に目が覚めた。風も出ている。まだ三時。このぶんだと登れそうもないと、半ば諦めてうつらうつらしていた。

周りの部屋の人たちが起き出して騒がしくなった。雨の音はいくらか静かになったようにも思える。迷っているうちに五時がきてしまった。

車の予約を取り消しにいくと、昨夜夕食のとき一緒だった女性グループが玄関で雨具に身をかためて出ていくところだった。

朝と昼のお弁当を受け取って、部屋のテレビで天気予報を見ていると、天気は回復しているという。恨めしそうに何度も空を見上げていた夫が、

「雨が止んだ。行こう」

と、勇み立つ。

車をお願いしてみたら「いいですよ」と、宿のご主人が送ってくださった。

北麓野営場の建物の中で、朝食のおにぎりを食べて、六時二五分出発。前日歩いた同じ道を甘露泉まで。水筒を満タンにして利尻岳への登山道へ踏み込んだ。

雨は止んでいるが、天を覆う針葉樹からぽたぽたと落ちる雫に、傘をひろげての歩行となった。登山道の中ほどの窪みに溜まっている雨水に昨夜の雨量の多さが窺える。水溜りを避けて道の端っこを歩こうとするのだが、先に行った人たちも端を踏みつけていて、どろどろに練られた火山灰は滑りやすく歩き辛い。ただでさえ遅いわたしたちはいっそう速度を落としていた。後ろから来た若いパーティーにも、中年の男性グループにもあっという間に追い越されてしまった。

ようやく針葉樹林を抜け出ると、ぱあっと視界が開けた。下の方は晴れていて、穏やかな海に礼

文島が細長く横たわっている。

山肌をガスが忙しく流れている。時折射す陽に、天候の回復を期待しながら、六合目、七合目と高度を稼いだ。

針葉樹の林が終わって、ダケカンバの林になり、更に背の低いミヤマハンノキに代わった。花の時期は終わりに近いとはいえ、オトギリソウやミヤマアキノキリンソウなどの黄色い花、カラフトイチヤクソウ、シュムシュノコギリソウ、ヤマハハコ、シロバナシガナといった白い花たちがまだ咲き残っていた。

息の切れそうな胸突き八丁をジグザグに一歩いっぽ足を運んだ。「こんなしんどいめをして、なぜ山に登るんだろう」と問いかけるのはこんな時である。

やっと、八合目、長官山に辿り着いた。標高は一二一八メートル。時計はあと一、二分で一一時を指すところだった。ちょうどその時、白い雲が風に払われ、忽然と利尻岳本峰が見事な姿を現した。目の前に鋭角にそそり立つ雄大な斜面。汗を拭くのも忘れて山と対峙した。

しかし、山肌をすっかり見せたのはほんの数分の間だった。ザックからカメラを取り出したときにはもう、半身に薄絹を纏っていた。

夫は三〇分ほど遅れて登ってきた。この時もまた、なかなかとれなかったガスが風に流され山の全貌を見せた。ほんの一瞬のことだった。

岩と岩とに渡した板のベンチで、お弁当を食べていると、かなり高齢の男性が一人、杖をついて降りてきた。足を痛めてしまって、九合目で断念したと残念がっていた。九合目辺りで咲くというリシリヒナゲシは咲いていたかと訊ねたが、花のことなどは眼中にないらしく、「引き返す勇気も大切なんだ」と、頂上を踏めなかったことがよほどくやしかったらしく、何度も繰り返し言っていた。

降りてくる人、これから登る人、何人かが通り過ぎていった。

食後しばらく休んでいたが、頂上に掛かった雲は次第に厚くなるばかりだった。

わたしたちはここまでと決めていたが、すっくと立つ頂上を目前にすると、登ってみたいという気持ちがないではなかった。標高差五〇〇メートル余りか。ここからわたし一人で登って登れないことはないとも思った。でも、夫には「登りましょう」とはどうしても言えなかった。彼も元気な時ならば、当然のように登っていただろう。口には出さないが「登りたい」気持ちを抑えているのが手に取るように分かった。

「さあ、降りようか」

一二時一五分だった。

途中、百名山を目指しているというご夫婦と一緒になった。岡山の高梁出身だという。故郷を離れて久しいと、わたしたちに逢えたことを喜んでくれた。しばらく山の話などしながら降りた。

樹林帯まで降ると、ぬかるみは朝よりいっそうひどく、滑って歩きにくい。喉が渇いてしかたない。こんなことはめずらしい。水筒の水はどんどん減って残りわずかになっている。夫に水場で待っているからと、先に降った。

朝、こんなに長く歩いたのかと思うほど甘露泉は遠かった。

飲んだ、飲んだ。

水筒をいっぱいにして、また、さっき降った道をしばらく戻った。夫は、

「やあ、道の悪いのにはまいった、まいった」

と、降りてきた。樹林帯の中の悪路で、コースタイムの二倍以上の時間を費やしていた。

山麓にある温泉で汗を流しながら、無理をすればリシリヒナゲシの咲いている所ぐらいまでなら行けたかもしれないと、思い切りの悪いことを考えていたが口には出さなかった。

翌日は快晴。一〇時の船で利尻島を離れ、礼文島に向かった。鴛泊の波止場から仰ぎ見る利尻岳頂上は、すっかり晴れていた。

礼文島の香深港で、民宿「はな心」へ迎えを頼む電話を入れた。

宿の主人が車で現れるのに一〇分とかからなかった。主人は、昼食に香深の名物料理ちゃんちゃん焼を勧めて炉端焼きの店「ちどり」へ連れて行ってくれた。

食事の終わるころまた迎えに来るからと、荷物だけ先に運んでくれた。

炭火を焚いている店の中はものすごい暑さだ。

ちゃんちゃん焼は開いたほっけに味噌と葱を載せて、金網の上であぶって食べる料理だ。ほっけの身が白くなったら食べごろだという。おいしかったが、三〇センチもある大きなほっけ一匹全部は食べきれなかった。

午後は、礼文フラワーロードの散策を予定しているというと「はな心」の主人は、それならばと、礼文島最南端、知床という集落まで送ってくれた。

草原の中の緩やかな坂道を登り、元地灯台近くまで行くと、咲き残ったチシマフウロが一株御挨拶代わりに風に揺れて迎えてくれた。それに続いてオオハナウド、イブキトラノオがあとからあとから現われ斜面を埋め尽くした。

元地灯台から桃岩展望台までの二・五キロメートルは花いっぱいのフラワーロードだった。ヨツバシオガマ、ミヤマキンポウゲなどおなじみの花々。楽しみにしていたレブンソウ、チシマゲンゲ、エゾカラマツ、オニシモツケ、カンチコウゾリナ、リシリソウなど初めてのお花にもたくさんお目にかかった。でもなんといっても圧巻はレブンウスユキソウだった。何度か尋ねたヨーロッパアルプスで、とうとう出会うことのなかった憧れのエーデルワイスの仲間だ。

「あった、あった。エーデルワイスよ」

と、叫んしまうほどだった。レブンウスユキソウはイタリアのティラノの園芸店で見たエーデルワイスに似ていた。星の形、色鮮やかな花々の中にあって無彩色の小さな花だ。それも群生することなくほんの数輪。それでいて存在感がある花だ。わたしは膝をついて、しばらくその場を離れることができなかった。

利尻山でリシリヒナゲシに出会えなかったことなどもう忘れてしまっていた。

「はな心」は一年前にユースホステルをリニューアルしたという民宿だった。海に面した清潔な部屋の窓からはあの美しい姿の利尻岳が海に浮かんでいた。ゆったりとした食堂での夕食は、海の幸、山の幸がおいしそうに盛りつけられていて、味も量もわたしたちの口に合った。

次の朝もまた、礼文岳の登り口、起登臼《きとうす》というところまで車で送ってもらった。海岸沿いの道路からいきなり登山道が始まる。海抜○メートルからの急登には驚いた。が、しばらく行くとややなだらかな笹原になった。後にも先にも人の姿はない。スズランに似たカラフトイチヤクソウが咲いていた。

一時間くらい経ったころ、内路からという登山道と出会った。内路から登る人が多いらしい。小さなアップダウンをいくつか越えて四九〇メートルの礼文岳頂上に着いた。

たった四九〇メートルの山なのに山全体がごつごつした岩でき、ケルンが積まれていて高山の様相をしていた。

島の北方のスコトン岬や、ゴロタ山、ゴロタノ岬が眼下に望めた。

風が強かったので岩陰でお弁当をひろげていたら、二人の女性が登ってきた。年齢が違うので親子かと思ったが、どうやら山登りの友達らしい。

「わたしたち、あした利尻岳に登るんです」

と天気を心配していた。

一時間ほど休んで、彼女たちより一足先に下山したが、途中で追い抜かれてしまった。

降りは、内路へ降った。

香深行きのバスを待つ間、近くを散歩していると、浜に干していた利尻昆布を家族中で取り込んでいるのにでくわした。

バスは時間通りに来た。

この日はちょうど夫の七二歳の誕生日だった。夕食の時、「はな心」の主人から、

「ささやかなお祝いをさせてください」

とおいしい赤ワインのボトルをいただいた。夫は、食事をしている他の宿泊客にワインをついで回っていた。

翌日、礼文島を後にした。

船が香深の港を離れ、島が次第に小さくなって、やがて見えなくなった。
帰路は、札幌経由で岡山へ飛んだ。
目を瞑ると、レブンウスユキソウの星が瞼にうかんで、胸がきゅんとする。
また、高嶺の花たちに逢いに出かけたい。

# 二上山



次女一家が奈良県香芝市に小さな家を建てて三年が過ぎた。小高い丘の中腹にある家から、南北に連なる生駒・金剛山系が望め、東に奈良盆地が広がっている。

初めて新居を訪ねた時のことである。三歳だった孫のカズキは、家の中を一通り案内したのち、二階の窓から山を指した。

「たえこさん、二上山が見えるんよ」

「えっ、どれ」

「ほら、あれ、あれ……」

なるほど、周辺の山よりひときわ高く、たおやかな山容が目を引いた。しかし、二つある頂上は一つだけしか見えない。七、八年前に奈良県の当麻寺から二上山に登って、大阪側の上太子駅までのコースを辿ったことがあった。その時見た二上山はふたつの頂をもつ双耳峰だと記憶していた。

それなのに……。

そこで夫に矛先が向いた。

「おじいちゃん、二上山だよな」

「そうだよ、今度いっしょに登ろうか」

「やったぁ、いつ登る」

「また今度な」

夫は、二上山登山を軽い気持ちで約束してしまった。

後に、飛鳥方面への車窓から、カズキの指さした山の後ろにもうひとつの頂があることを見て、二上山だと確信したのだった。

カズキには会う度に「いつ登るの」と催促された。が、なかなか日程があわず、いろんな理由をつけて延ばしのばしになっていた。

三月なかば、カズキの幼稚園卒業のおめでとうの電話をすると、

「……ところで二上山はどうなってんの」

と、またまた言われてしまった。

「カズくんといっしょにぼくも登りたい」

という早島に住む長女の長男ケイを伴って平成一三（二〇〇一）年四月一日、岡山を発った。ケイはカズキより三歳年上の九歳である。カズキとケイは従兄弟でありながら兄弟のように仲がいい。

「ケイちゃん、ケイちゃん」と一見ケイを立てているように見えて、実は遊びをリードしているのはカズキだったりすることがよくある。

孫二人を連れての初めての山歩きだ。

四月二日、晴れ。それぞれザックを背に、タクシーに乗る。一五分ほどで、登山口に予定している春日神社に着く。

本殿の前に駆け寄った二人は、小さな掌を合わせて神妙になにやらお祈りしている。

「何をお祈りしたの」

「ひみつ」

「ひみつ」

カズキはケイの言い方を真似る。

自動車道の上に架かる高架橋を渡ると、彼らはもう「二上山登山口」の標識を見付けて走り出している。

「雄岳山頂まで二・四キロだって。軽いかるい」

と、ケイが言えば、カズキも同じように、

「軽いかるい」

と。倉敷瀬戸内ウォーキングでの一〇キロ完歩が自信になっているのだろうか。

ゆるゆると車が高架橋を渡って止まった。降りてきた高齢の男性はどうやら地元の人らしい。

「おはようございます」

と、声を掛けたが無愛想に「うん」と、見向きもせず杖をつきながら登山道へ消えていった。

緩やかな登山道はよく踏み固められていて歩きよい。谷向こうの斜面では、薄紅、萌黄、黄緑、薄緑、……と芽吹きの木々がとりどりの装いをしている。秋の紅葉のような華やぎはないが、こちらもなかなか捨てがたい。

常緑樹のトンネルに入ったり出たりしながらゆっくり歩いて行くのだが、孫二人を連れてではいつものようにはいかない。池が見えるといっては駆けだし、テントウムシがいるといって捕まえてしばらく二人頭を寄せて観察したり……。

「ほら、かわいいスミレが咲いているよ」

というわたしの声には、素知らぬ顔。

前になったり、後になったりしながら谷筋の道を左岸、右岸と渡りながら登って行く。

やがて「二上山麓歩道案内図」という立派な案内板が立っている二股に着いた。

ケイは案内板の絵地図上を指で辿っている。

「雄岳の頂上まであと一・五キロだよ」

「えっ、まだ一・五キロもあるん」

カズキは少々疲れたらしい。

「元気の元をあげよう」

掌にキャラメルを置いてやると、もう一方の手を出してまだくれという。平素甘いものを好まないカズキにしてはめずらしい。

ケイはキャラメルを一つ口にいれるともう登りだしている。カズキとわたしはだんだん遅れだす。下の方から聞こえていた声の主たちが次第に近づいて現れた。小学校高学年と思われる姉弟とその両親四人は、あっというまにわたしたちを追い越していってしまった。

カズキは喉が渇いたと何度もお茶を飲んでいる。足が痛くなったとも言いだした。家を出るとき底厚のスニーカーにしたらと何度も言ったのに、履きなれた軽いズックがいいと言ってきかなかった。最近、急に足が大きくなって窮屈そうである。

「頂上はまだぁ……まだぁ」

「うん、ぼつぼつ半分かな」

冷凍庫で凍らせたスポーツドリンクを取り出してみると、少し解けかけていた。カズキに渡すとチュウチュウと音を立てて吸い付いたが、少ししか解けていないと言って、両方の掌で包んで温めている。

「カズくん、立ち止まらないで足も動かして」

五、六歩進むとまた止まってチュッ……。
背中を押したり手を引っ張ったりしながら枝尾根を巻くように登っていくと、急に明るくなって尾根の上に出た。夫とケイはベンチにザックを下ろして一服していた。

「一〇分間休憩しよう。よく休んでおけよ」

「わあい、一〇分休憩だ」

カズキは大喜び。

東に広がる奈良盆地に高田市や橿原市の街並み、耳成山、天香久山、畝傍山という大和三山が小島のように浮かぶ。

左手に目を移すと、見慣れた給水塔が見える。

「カズくん、水道局の塔が見えるよ」

カズキはベンチの上に上がって背伸びをした。

「ぼくんちも見えるよ」

カズキの住んでいる旭ヶ丘のてっぺんに立つ白い給水塔はどこからでもよく見えて、いつも目印になってくれる。塔から丘の斜面にそって視線を右下に下ろすと、尖った屋根のカズキの家が小さく見える。更に丘を下ると、アーチ型の大屋根をした小学校がはっきりと分かる。

「ぼくの行く旭ヶ丘小学校がある」

ぱらぱらと建ちはじめた旭ヶ丘団地の様子が意外と近くに望めた。まだまだ緑の多いあの丘が、赤や青の屋根で埋め尽くされるのもそう遠くはないだろう。

「はい、一〇分間休憩終わり」

夫の掛け声に急いでザックを背負って歩き出すケイ。もう少し休んでいたいふりのカズキの手を引いて歩き出す。明るい尾根道は意外と緩やかで、カズキも黙ってついてくる。

登山口で出会った杖の男性が降りてきた。

「もう頂上へ登ってこられたのですか」

「いやいや、ちょっとその先まで」

止まることなく杖で後ろを指して、降りていった。

一〇分ほど行くと、また急坂になった。間もなく二上神社からの道と出会う。

急な登りが続いた。

「まだぁ、まだ着かないの」

カズキの足がますます遅くなった。立ち止まってスポーツドリンクのチューブを絞り出してみたり、靴を脱いでみたり、しまいには座り込んでしまった。

ケイは調子よく夫とどんどん先に登っていく。

「元気の元を食べて、もうひと頑張りだ」

カズキはキャラメルを三つ四つ続けざまに食べて、ドリンクもすっかり空にしてしまった。

「ケイちゃんたち、もう頂上へ着いたかなぁ」

「着いているかも知れないね」

今度は一人で歩き出した。

「おーい、カズくーん」

ケイが頂上で呼んでいる。最後の登りを右に大きく回り込むと、

「カズくん、よう頑張ったな」

と、夫とケイが迎えてくれた。

山頂広場の周りには松や桧に混じって桜が植えられているが、蕾はまだかたい。

大きな木の下に座って「美化協力金」を徴収している男性がこちらを見ている。以前登った時にもそんなこととは知らず歩いていて声を掛けられたことを思い出した。

「子供料金はいくらですか」

「半額です」

「この子、こんど一年生になるんですが」

「ああ、結構ですよ」

金五〇〇円を収めた。

広場には、古来、雨乞いの神として崇敬されていたという葛城二上神社とその隣に、鬱蒼とした樹林に覆われた一角があった。コンクリートの柵が巡らされ、小さな鳥居の立つその場所は天武天皇の皇子、大津皇子の墓だという。

別の登山道から登ってきた中高年の男女五人組が石に腰かけて賑やかにお弁当をひろげている。

時刻はまだ一一時三〇分だ。

「少し早いけど、お弁当にしますか」

「します」

「します」

「よし、昼飯だ。あのベンチにしよう」

二人は石のベンチに向かって全速力で走った。

ありあわせで作ったお弁当は、おにぎりと卵焼き、孫たちの好きなウインナーとプチトマトにブロッコリー、それにいちご。ごちそうとは言えないお弁当だったが孫たちと汗をかいた後の食事はことのほかおいしかった。

食べているうちに寒くなった。四月とはいえ、標高五一七メートルの山の上だ。ケイとわたしはウインドブレーカー、カズキはフリースのヴェストを用心のためにザックに入れておいたのが役にたった。が、それもいっとき。風が出て、じっとしていられないほど冷えてきた。早々に荷物をまとめて雌岳を目指した。

南の登山道の降りにかかると、眼下に雌岳山頂が見え、その後方に葛城山と金剛山が重なるように続いている。

「走るなっ」

夫の声がとぶ。

さっきのご飯がもうエネルギーに変わったのか二人は走って坂道を降る。

「カズくん、下りでは走っちゃいけんのよ」

「だって、ひとりでに走れるんじゃもん」

「ぶりがついて止まらんようになったら、谷へ落ちてしまうんだから。それでもいいの」

「ううん。ケイちゃんも走っちゃいけんのんでしょ」

「おじいちゃんも、たえこさんも、みんな走ってはだめなの」

とはいっても、急坂で一歩いっぽ足を踏みしめるのは難しい。

一五分で、何本もの登山道が交わっている鞍部に着く。そこには小さな売店が営業していた。孫たちはジュースを買って、登山記念のスタンプを押してもらったと大喜びしていた。

雌岳への登りは階段が付けてあって、公園という雰囲気だった。一〇分とかからないで頂上に着いた。

「えっ、もう頂上」

カズキは雄岳の登りに比べて、あまりにも楽だったので意外だったらしい。

山頂には、あちこちにベンチが設けられ、あずまやも立っている。人の数も雄岳には比べものにならないくらい多い。

わずか四三メートル低いだけなのに、こちらはもう桜の蕾もふくらみ、木によっては三分咲というほどのものもある。それに、満開の馬酔木が甘い香りを放っている。

山頂の真ん中に、御影石で造られた日時計が設置されている。この日時計は内田嘉弘著『大和まほろばの山旅』によると、一九八〇年に放映されたＮＨＫの『知られざる古代』という番組がきっかけとなって造られたのだという。

孫たちは日時計の回りに放射線状に配された敷石を、ぴょんぴょん跳んだり、石の上に上がったり、飽きると探検だといって散歩道や脇道を駆け回って遊んだ。

雌岳からの眺望は、南に葛城山、金剛山、東に広がる奈良盆地、その向こうに霞む山々。風もなく雄岳の寒さが嘘のようだった。

帰りはジグザグの急坂を岩屋峠に降った。幼い二人はどんどん先に降っていく。道を迷わねばいいがと心配をしていたが、分かれ道のある場所で待っていた。

また一本道になると、先へさきへと姿が見えなくなってしまった。

瀬音を聞きながら、谷川沿いの道を降っていると、下から登ってきたご夫婦が、

「坊やたち、少し下で待ってますよ」

と笑いながら教えてくれた。

腕白坊主たちは、わたしたちを吃驚させようと沢の窪みに隠れていた。

傍の水場は、地下水がチョロチョロと音を立てて流れ落ちていた。

「この水、飲んでもいいんでしょう」

と、カズキ。どうやら、慎重なケイが待ったをかけたらしい。見ると柄杓が二本並べて置かれている。

「いいよ。でも、ちょっとだけよ」

カズキはおいしそうにがぶがぶ飲んだ。ケイは飲もうかどうしようかと迷っていたが、一口飲んで「冷てぇ」とやめてしまった。

祐泉寺まで降りると桜は満開になっていた。ここから舗装道路の降りになる。

道路脇に珍しい建物があった。一本の柱に宝形造りの屋根を載せた「傘堂」だ。

「ケイちゃん、これ傘の形をしているでしょう。傘堂っていうのよ」

しかし二人は、草むらで拾ったゴルフボールで遊んでいて見向きもしない。坂道を転がっていくボールを追いかけて彼らも転がるように降っていく。

里の桜は満開を過ぎ、はや散り始めている。

やがて天平時代の二つの塔の立つ当麻寺。しかし今回は拝観を取りやめることにした。当麻寺の仁王門から振り返った二上山は、らくだの背のような曲線を描いていて、五一七メートルの雄岳と四七四・二メートルの雌岳が仲良く並んでいた。

# 大山

子どものころ野山を駆け回って遊んでいたわたしは、ふるさとの自然から多くのものを与えられた。それを教えてくれたのは父だった。

父は一九九八年二月、永遠の国へ旅立った。九三歳だった。

晩年はウォーキングを楽しみ、時に山にも登っていた。八五歳の時の富士登山が山登りの納めだった。

没後しばらく経って見つけた父の日記に、旧制中学の四年生、五年生で日本アルプスに登っている記録があった。

そういえば、物置にしていた実家の屋根裏部屋に、かなり使い込まれたスキー板や竹製のストックがピッケルといっしょに立て掛けてあった。玄関の大きな下駄箱の奥には硬く重そうな山靴が二、三足埃にまみれてもいた。が、わたしはスキーや山登りに出掛ける父の姿を見たことはなかった。

敗戦の翌年一九四六年、五年生になったわたしと二歳年下のクニコは、父に連れられて大山に登ることになった。

夏休みに入ったある日、わたしたちは一番列車に乗るために、父の後を近くの法界院駅に急いだ。岡山駅で乗り換えて、伯備線の車中の客となった。汽車に乗って旅に出られる嬉しさと、まだ見たことのない高山のお花畑を想像するだけで、胸が躍った。

いくつものトンネルを数え、伯耆大山駅に着いた。わたしたち三人の他にホームに降り立つ人はいなかった。駅員さんに道を尋ね山に向かって歩き始めた。

赤い石州瓦の家並みを抜け、谷間の道に入った。道行く人の影はなかった。

この時わたしとクニコが身に付けていたのは、母が祖父の和服を解いて仕立て直したお揃いのワンピースに、遠足用の小さなリュックザックと水筒だった。それに、配給切符で手に入れた運動靴を履いていた。父は大型のリュックザックを背負い、足元は古い登山靴にゲートルを巻いていた。首から地図の入った透明なケースをぶら下げて、いちおうは山登りのかっこうになっていた。

だらだらと曲がりくねった山道が続いた。父から「こういう登りをつまさき上がりと言うんだ」と教わった。だんだん足が疲れお腹も空いてきた。

「水場があったらご飯にしよう」

と、いう父に「お腹すいたぁ。もう歩けん」とクニコと交互にせがんだ。行ってもいっても水場は見当たらなかった。

山間の小さな集落を過ぎたところで、父はやっとリュックザックを下ろした。

大きな松の根方は日陰になっていて、傍らに小さな速い流れがあった。

父はリュックザックの中から黒く煤けた飯盒を取り出し、谷川の水で米をとぎ始めた。わたしとクニコは松笠や枯れ枝を拾い集めた。ピッケルで地面を浅く掘って、左右に大きめの石を置き、三方を小石で囲んだ。かき集めた松葉をこんもりと置いてその上に松笠をそっとのせた。把手に丈夫な棒を通した飯盒を左右の石に掛けてマッチをすると、松葉にボッと火がついて、勢いよく燃え上がった。枯れ枝を後からあとから投げ入れた。

蓋の隙間からシューシューと湯気と泡が出てきた飯盒を火から外すと、蓋を下に地面に置いた。次に茄子をナイフで切って煮て味噌で味を付けた。

お焦げのできたご飯と味噌煮の茄子は最高においしかった。大人になって「今迄でいちばんおいしかったものはなに」と訊かれると、迷わず「飯盒で炊いたご飯と味噌煮の茄子」と答えたものだった。

お腹ができたわたしたちは、また元気が出た。

行き交う人もないつまさき上がりをひたすら歩いた。

「このあたりに、茶店があるはずだが」

父は繰り返し言うのだが、行けどもゆけども建物らしきものはなかった。道の両側には大きな松の木と石のお地蔵さんが間隔をおいて立っているだけだった。そのうちにまた疲れてきた。ぎらぎら燃えていた太陽は西に傾いて、辺りもひんやりとしてきた。

「まだぁ、まだぁ」と言う声がだんだん泣き声になっていた。でも、歩くほかなかった。

背丈ほどに伸びた草に囲まれた建物を見付けたときは嬉しくて、父もわたしも疲れを忘れて駆け寄った。父の言っていた茶屋には違いなかったが、中から出てきた小母さんは「何もお出しするものはありません」と、商売をしてないことを済まなさそうに詫びた。それから「大山寺部落まで一〇町ほどだ」と教えてくれた。一町が約一〇九メートルとして、一・〇九キロメートルということになる。この一キロメートル余りが、それはそれは長く感じられた。大山寺集落の取りつけの博労座から、宿舎の「国鉄山の家」までがまた遠かった。古い宿坊の下を過ぎ、クマザサの間の径を小一時間も歩いただろうか。ようやく山の家の灯りを見つけたときはクニコと手を叩いて喜んだ。

山の家へお米を出して宿泊をお願いした。わたしたちの他にも宿泊客はいるらしかったが、すでに休んでいるらしく、どんな人がいるのか知る由もなかった。この夜、初めて二段ベッドというものに寝た。

真夜中に起きて、父の懐中電灯の灯りを頼りに、ゆっくり登山道を登った。休んでいる人を追い抜いたり、追い越されたりした。が、途中で二、三度休憩しただけで、しんどいとか疲れたとは一言も言わなかったと、後に父から聞いたことがあった。

頂上にはもう何人かの人たちがいた。

「よく登ったね」

「こんなに小さいのに、すごいな」

などと、わたしたちの周りを取り囲んで言った。当時は登山をする人は少なく、まして子どもの登山はめずらしかったのかもしれない。

みんなご来光を待っていた。だんだん体が冷えてきた。ご来光どころではない。わたしはクニコと体をすり寄せ「寒い、寒い」と震えていた。そんなこともあってか、いつ太陽が現れたのか、その刻を覚えていない。何度も登山の経験のある父が、なぜわたしたちの寒さ対策をしなかったのか不思議でならない。

辺りが明るくなると、一面のお花畑が広がっていた。だが、わたしの思い描いたお花畑よりずっと地味で、心躍るほどの感激はなかった。桃色の小花や薄紫の花が咲いていたような気がする。父は花の名前を教えてくれなかったのか。

ただ、這うような不思議な姿をしたダイセンキャラボクの名はそのときしっかり脳裏に刻まれた。

「寒い、寒い」というわたしたちに困った父は、早々に下山したのだった。

帰りは、大山寺部落からバスに乗った、木炭を焚いてゆるゆると走るボンネットバスは、立ち客がいるほど満員だった。

バスの待合所の近くで食べたところてんのおいしかったこと。今でも、ところてんを食べると、薄暗い店の木製のかたい長椅子にクニコと並んで食べている情景を思い出す。

この大山が、わたしが山らしい山に登った初めての登山だったといえよう。

その後も父に連れられて、比叡山や九州の霧島連峰の韓国岳《からくにだけ》にも登った。

二度目の大山は中学校の集団登山だった。二年生の希望者三、四〇人だったろうか。伯備線伯耆溝口駅から桝水原を経て大山寺部落へ歩いて入った。宿坊・理観院に泊まっての登山だった。友といっしょに初めて宿泊する不安と嬉しさばかりが強く印象に残っていて、山の姿や草木の様子などの記憶は薄い。ただ、この時、防寒用にと母が買ってきた化学繊維のセーターを持っていった。大人サイズで、華やかな空色のセーターは、最初から気に入らなかったが、好き嫌いを言える時代ではなかった。母の気持ちを考えると、嫌とは言えずザックに押し込んで行った。山の上はやっぱり寒く、ちょっと着たような気もする。

その後、わたしは山らしい山から遠のいている。高校時代はさして勉強したわけでものないが、周りの友達は大学進学を目指しているのを目の当たりにして、羽目を外す勇気もゆとりもなく三年間を過ごしてしまった。

地元の大学に進学してからは、演劇にうつつをぬかし、山行など考えもしなかった。

結婚した相手が「山好き」だったというのは偶然というか、今となっては運命的なものさえ感じる。

当初は仕事と家事、そのうち子育てで時間的にも経済的にも汲々として山に行く余裕など皆無だった。が、夫は夏休みになると旧友や同僚と北アルプスだ、南アルプスだ、富士山だと毎年のように出掛けた。そのうち勤務校で山岳部の顧問をするようになって、土曜日日曜日は県北の山を中心にトレーニング、夏休みや冬休みは数日間の合宿練習や、大会に出掛けることが多くなった。お正月に家にいないことも何度もあった。

長女が四歳の冬、夫の同僚とその家族と大山にスキーに行くことになった。十数年振りの大山である。その間にもう大山有料道路が開通していて、父と、また中学校の集団登山で麓から何時間もかかった大山寺へ米子から一時間ほどで着いてしまった。夢のようだった。

それから毎年、夫の同僚家族やわたしの同僚家族、夫の教え子家族や姪などと、大山山麓の豪円山や中の原のスキー場へ通うようになった。

その間に何度か夏山に登った。甥や姪も連れての賑やかな山行もあった。

仕事が忙しくなった夫の山行も次第に減り、とうとうスキーだけになった。

一四、五年続いたスキーも娘たちが大学生になったころ止んだ。その間ずっとお世話になった宿「朝霧山荘」のご家族とも親密になっていた。

退職して家にこもってばかりのわたしを、北海道旅行に連れだした夫は、旅の途中、大雪山系の旭岳と黒岳に連れって行った。

　これを手始めにわたしたち二人のゆっくり山歩きが始まった。東北の八甲田山、岩木山に挑み北アルプスのいくつかの頂にも立った。

　このぶんだと、当分は山を楽しむこができそうだと思っていた矢先、夫が大病を患った。昭和六二（一九八七）年、夫五八歳春のことである。もう、山登りもお終いか……。でも夫は諦めなかった。

　退院してからも早朝の散歩に励み、その年の夏には蒜山山麓を歩き、秋には大山三合目（一〇〇〇メートル）まで登った。その後も出掛けるたびに少しずつ高度を上げた。平成元（一九八九）年には頂上に達している。それから毎年、学校の集団登山で賑わう夏山シーズンは若い人たちに譲って、山が静かになる秋に登ることが多かった。


　一九九二年一〇月二一日、わたしと夫は定宿の「朝霧山荘」を出た。昨夜の雨も上がり、雲ひとつない好天に恵まれた。

　南光河原に架かる大山橋に立つと、浸食された大山北壁が目の前にそそり立ち、元谷へと落ちている。裾をとりまくブナやミズナラの黄葉もかなり進んでいる。いつ見ても圧倒される大好きな景観である。

「大山夏山登山口」の標識の立っているところから山道に入る。しばらくは石段が続く。寺院や宿坊跡といわれる苔むした石垣を左右に見、黄色の葉に白々とした幹肌のブナの縦間に沈む湿っぽい空気を肌に感じながら、石段を一歩いっぽ行く。足音に驚いたのか「チチッ、チチチチッ」と小鳥が忙しく茂みを飛び移る。わたしたちのほか登山者の姿はない。石段はいつしか石ころ道に変わり、雨水を逃がすためか、溝が掘られていて歩き難い。が、崩れの激しいところに丸太で組んだ階段があって助かる。

体調がいいのか一合目二合目……と快調に高度を稼いでいく。五合目近くの樹間から三鈷峰と宝珠尾根が姿を現す。だいぶ登ったのだなあという実感がわく。六合目の避難小屋に着くと、下山しているという四人組が「どうぞ」とベンチを譲ってくれる。チョコレートを出して四人の男性にも勧める。

「どちらから来られたのですか」

「広島県の福山からです。地元の方ですか」

「いいえ、わたしたちは岡山からです」

「では、今朝出て……」

「いいえ、何分ゆっくり歩きなもんですから、一昨日から来ているんですよ。昨日は雨で、大山滝の方へ行ってきました」

「今日は天気もよくて、紅葉もきれいでよかったですね」

「じゃあ、一足お先に」

四人は一列になって降っていった。こうした山での出会いも嬉しいものだ。

わたしたちは頂上を目指して登っていった。目の前の黄や紅に色づいた灌木が疲れを癒してくれる。その後方に迫る三鈷峰から弥山に続く切り立った北壁に登山意欲をそそられる。元谷へ駆け下る黄葉も一望できる。

下の方から、風の間の間に声が聞こえていたが、しばらくして声の主が姿を現した。六〇歳がらみと思しき夫婦は、夜中に大阪を発って、今朝早く大山寺に着いたのだという。中国縦貫高速道路が開通してから、関西方面からの登山客が増えたと聞いてはいたが、大阪からの大山日帰りとは驚いた。

六合目を出ると横に広がっていた登山道が細く深くえぐられ、勾配も急になった。不用意に足を運べば、ざらざらと崩れてしまいそうな急坂に、目の粗い金網に石ころを詰めた蛇籠が並べられている。細長い蛇籠はもろい登山道を保護しながら、階段の役目もしている。が、わたしの歩幅では少々サイズが高く、蛇籠階段に手も動員しなければ登ってはいけなかった。

色濃く鮮やかなナナカマドの紅にはっとしたり、足元を彩る草紅葉に癒されたりしながら、いつものようにゆっくりゆっくり登って行く。

八合目を過ぎると道はようやく平坦になったが、左側は谷深くまで切れ落ちて油断はできない。ロープの張られたところから怖いもの見たさに谷底を覗くと、激しく崩落した斜面に足がすくんでしまう。反対側一面にはダイセンキャラボクの緑が広がっていて、安堵感を抱かせてくれる。ダイセンキャラボクの間に造られた高架式の木道が頂上へ長く伸びている。木道は歩き易いが味気ない。天然記念物のダイセンキャラボクの保護のためだから仕方ないのかもしれない。

頂上の小屋の周りもぐるっと木道が巡らされていた。山頂を覆っていたお花畑は、登山者が押し寄せるようになった昭和三〇（一九五五）年ごろから踏みつけられ、裸地化していったのだという。そして今「大山の頂上を保護する会」の人々の手によって植生復元が行われている。斜面に丸太の柵を造り、こもを伏せている様は自然保護のためとはいえ味気ない光景だ。いつの日かお花畑が広がって、登山者が高山植物を愛でることができるのが待たれる。

一二時、頂上に着いた。登り始めて三時間三〇分。コースタイムの一・五倍近くの時間を掛けて登ったことになる。

だれもいないと思っていた頂上には数人の登山者がいた。ほとんどが中高年で、のんびりとそれぞれの山を楽しんでいた。

山頂からは中国山地の山々が幾重にも重なり、遠く霞んでいる。北側には弓ヶ浜半島が日本海に弧を描いていた。

今迄、頂上は霧で視界数メートルということがあった。思いがけない雪で、途中から引き返したこともあった。雨に降られたことは度々。でも、雲海に浮かぶ山々に息をのんだり、この度のように黄葉の美しさにうっとりすることもあった。

山は一度として同じ顔をみせることはない。まさに一期一会である。

降りは、六合目小屋の下から新行者道を元谷へ降りた。元谷の堰堤から見上げた岸壁は、鮮やかに黄葉で飾られていた。

ゴーンと大山寺の鐘の音が北壁に浸み込んでいった。

# 山との出会い

小坂東三

私と山との出会いは、北海道の大雪山においてでした。それまで、山について何の知識も経験ももたない私にとって、それはすばらしい感動を覚えるものでした。その美しさにうたれ、その豊かさに圧倒されました。その時こんな思いが私の心に浮かびました。一つは、二十代も半ば近くなってはじめての経験、遅かったという思い。これはしかたのないことでしょう。いま一つは、この強い感動は、初めてだということに由来するものであって、もう二度と味わえないのではないかという思い。しかし、これは杞憂でした。その後山登りを続けるうちに、その楽しさは、ますます強く、そして深くなっていくように思えるからです。

最初の山登りは、今考えてみると実にでたらめきわまるものでした。計画など全くなく、ただふらっと旅に出て、その旅先でそれこそ「そこに山があるから」登ってみようということで、毛布と下着、それに米と飯盒を入れたボストンバッグを提げて、すり減った革の短靴という滑稽な姿で山登りに出掛けたものです。そしてそこで、すばらしい山との出会いを迎えたわけです。その後の私の生活の中で山登りが占める比重を考えると、これは何かの運命的なもののようにも思えます。

それからの私は、毎年少なくとも一度は山に出掛けるようになりました。回を重ねるにつれて、おいおいと事前の計画、準備をするようになりました。まず、本を読むことから始まります。登山の基礎知識に関するもの、先人の山行の記録、紀行文などを読みます。

そして今年はどの山に行こうかと、案内書と地図をひろげて一人で考えたり、同行する友人と二人でコースを地図で辿りながら、あれやこれや検討を続けるのです。この時間がまたとても楽しいのです。

こうしていよいよ山へ出かけますが、本で読み、地図で調べた知識がそのまま通用するわけにはいきません。第一に山そのものの様相がそのときどきで大きく変わります。第二に山に登るのはX氏ではなく自分自身なのです。知識は自分自身の経験を通して初めて真実のものとなり、さらに二度三度と経験を重ねていくうちに純化され、磨きをかけられていくものだとおもいます。

いったん山に入ったら、途中でやめることは不可能です。たとえどんなに苦しくとも、山を下りるまでは歩き続けなくてなりません。ただこの場合、前進することしか知らないというのはたいへん危険です。退くことを知らなくてはいけません。また、コースをはずれたことに気付いたとき、安易な修正をして正しいコースへなどと考えては駄目です。間違ったコースを忠実にたどって、正しいコースだと確認できる所まで引き返したうえで、やり直しの一歩を踏み出すことです。

私はここ三年ほど健康上のことなどあって山には行っておりませんが、山の写真集を眺めたり、山の記録や作品を読みながら、山への思いは持ち続けています。

深田久弥氏の著作に『日本百名山』があります。そのうちで私の登った山は二十いくつ、まだまだ新しい山との出会いはたくさん残っているわけです。楽しみはつきません。

（岡山操山図書館報　第十九号

昭和五十年十一月五日発行）より

# Ⅱ　ウォーキング

# 初めての海外ウォーク　ベルギー

一九九二年五月、ベルギーツーデーマーチに参加した。ウォーキングを始めて三年目のことで、ヨーロッパへ行くのは二度目、海外のウォーキング大会に参加するのは初めてだった。

このウォーキング大会へ参加しようと思いたったのは、ベルギーツーデーマーチの一週間後に開催されるスイスツーデーマーチにも参加した後、ドイツで生まれた初孫に逢いに行くという欲張った計画の結果だった。

四月三〇日、成田空港で日本チームの結団式があった。総勢二九名。初参加のわたしたち夫婦は緊張していた。

正午、ＪＡＬ四五一便で成田を出発して一二時間、チューリッヒ空港に降り、エアポートホテルで一夜を過ごした。翌朝、チューリッヒから空路一時間半、雨の降りしきるベルギーの首都ブリュッセルに入った。バスで旧市街の中心グランプラス広場に立つころには雨も止んで青空が見えていた。

ヴィクトル・ユーゴーがかって「世界で最も美しい広場」といったというグランプラス広場は、

市庁舎や「王の家」といわれる市立博物館、公爵の館など石造りの建物に囲まれた広場だった。ヨーロッパの中世の香にちょっぴり触れ、観光の目玉、小便小僧にもひと目会って、ブリュッセルを後に、中世の街並みや運河が美しい「北のベニス」といわれるブルージュに向かった。

赤煉瓦の小道を入ったレストランで軽い昼食をとって、運河沿の石畳を二時間余り散策した。一二、三世紀にヨーロッパ商業の中心として繁栄したというブルージュは、北海と水路で結ばれていた。が、一五世紀に入って、その水路が沈泥で浅くなり、商船が出入りできなくなって、都市の機能を失ってしまった。おかげで、当時の景観をそのまま留めているのだと聞いた。

ブルージュから北へ一五キロほどバスに揺られ、夕刻、ブランケンベルグのホテル・アザエルトに着いた。

ブランケンベルグは、北海のドーバー海峡に面した、風光明媚な海岸保養地である。

部屋は四階、町側に開いた窓から、正面に教会の塔が見える。見下ろす通りには派手なウェアのウォーカーたちの姿。いよいよウォーキングの聖地に繰り込んだ感がにわかに湧いてくる。

ゆっくり休む暇もなく、ロビーに集合してみんなで参加登録に行く。歩いて五分ほどのところにあるマルクト広場がベルギーツーデーマーチの中央会場になっていた。広場の周りにテントが張られ、皮膚の色も髪の色も様々な人たちがいて、さすがインターナショナルの大会だなという感がじわっと湧いてきた。

参加登録をするとオレンジ色のコントロールカードと地図が渡された。主な道と集落の名が記された簡単なウォーキングマップだ。

一日目はオレンジ色、二日目は黄緑色で歩くコースが明示され、途中のコントロールポイント、飲み物サービスのある場所、トイレの場所、救護所なども印されていた。

五月二日土曜日。ベルギーツーデーマーチ第一日目。

ホテルの前で仲間を待っている間、ビルの間の狭い空を見上げると、雲は多いが雨になるような空ではない。

二四キロコースの二二名が集まったところでスタート地点になっている中央会場へ向かう。四二キロコースの人たちはスタートが早いので、もうとっくに出ていた。

会場が近付くと、賑やかな音楽が聞こえてきた。色とりどりのウェアを着たウォーカーで広場はいっぱいだった。

仲間の一人、山口県の坂本幸二さんが外国の人たちに囲まれている。幸二さんはいつのまにやら胸にメダルを付けている。そのメダルに触られたり、握手を求められたりしている。このメダルが国際マーチングリーグのマスターウォーカーに贈られる金メダルであることを、仲間に教えられた。

「マーチングリーグってなんなの」

なにも知らないわたしは仲間の一人に初歩的な質問をした。

オランダ、スイス、オーストリア、ベルギー、デンマーク、アイルランド、ルクセンブルグそれに日本の八か国が設立会員となって、それまで各国別々に行われていたウォークやマーチの大会を一九八七年に組織化し、歩け歩け運動を通して世界中の人々の健康と友好を促進することを目指したのが国際マーチングリーグだという。

Ｉｎｔｅｒｎａｔｉｏｎａｌ　Ｍａｒｃｈｉｎｇ　Ｌｅａｇｕの頭文字をとってＩＭＬと言う。

幸二さんは、すでに八か国すべてを歩いていてＩＭＬマスターウォーカーの称号を授けられ、金メダルを授与されているのだった。地味で少しも自己主張されない年配の幸二さんが急に凄い人に見えてきた。ベルギーの後も幸二さんとは何度もご一緒させてもらうことになる。

出発式で主催者の挨拶の後、日本チームはステージの上に上げられ、

「遠く日本から、こんなにも大勢で参加された」

と、紹介された。物凄い拍手と歓声に、手を振る者、Ｖサインを高く掲げる者などがいたが、わたしはなんだか恥ずかしく、周りを見回してぴょこんとお辞儀をした。

一〇時、吹奏楽隊を先頭にいよいよ出発をする。道いっぱいになったウォーカーで前も足元も見えず、躓きそうになってなかなか進めない。周りは見上げるような大きな人の壁で、仲間を見失ってしまった。夫とはぐれては大変と手を繋いで歩く。

すぐにリゾートホテルやコンドミニアムなど保養客用の高層ビルの建ち並ぶ海岸通りに出た。楽

隊の先導もこのあたりまでで、ウォーカーの列も次第に疎らになってきた。左手に波荒い北海をみながら東へ向かう。明るく穏やかな瀬戸内海や、透明な日本海を見て育ったわたしの目には、島のないコーヒー牛乳色の果てしなく広がる海は異様に映った。

先端にドーム型の建物のある橋脚が海に突き出しているのが見えた。橋脚の長さは一〇〇メートルはあろうか。何のための建物なのか判らなかったが、帰りに買った絵葉書にＢｌａｎｋｅｎｂｅｒｇｕ　Ｐｉｅｒと書かれてあった。

よく見ると、その橋をウォーカーが往き来している。

ドームから戻ってきた人がコントロールポイントがあると言う。素通りするわけにはいかないと、橋をドームに向かった。

「ドームの入口がコントロールポイントになっとるで、カードにパンチを入れてもらっておいで。ここで待っておるで」

幸二さんがドームの手前に立って教えてくれた。わたしと夫はコントロールカードの最初の枠に小さな長方形のパンチ穴を開けてもらって引き返すと幸二さんが待っていてくれた。すでに何度か歩いていて、コースのことを熟知している幸二さんと一緒に歩いてもらえることは心強かった。

二四キロのコース上には六か所のコントロールポイントがあって、この後、星形や十字形のパンチをもらった。

一時間ほど歩いて海の見える道と別れ、南に向きを変えると風景が一変した。緑の樹間に赤煉瓦の家並が見え隠れする。庭先にはこれから咲こうとするレンギョウやライラックが蕾の先を黄や薄紫に染め始めていた。

刈り込まれた低灌木で縁取られている石畳の村の道を抜け牧草地に出た。平坦な緑がどこまでも広がり、白黒の牛や羊がのんびりと草を食んでいた。緑の間を、とぎれとぎれになりながらも長いウォーカーたちの列が続いていた。もう点に見えるほど遠くにいっている人もいる。日本チームの黄緑色のユニホームも二つ三つ見える。わたしたちは急ぐこともなくマイペースだ。幸二さんとは歩幅もテンポもぴったり合って、とても歩きいい。

「もう少し行った所で弁当にしようか。去年も食べた所で」

運河に沿ったポプラ並木の下で腰を下ろしていると、少し遅れていたWさん、Kさん、Iさんの関西三人組が、いかにもくたびれたという足取りでやって来た。

「あんたらも、ここで昼飯にしようや」

幸二さんの誘いに、三人は、

「やれやれ疲れた。お腹も空いたわ」

と、ビニールの敷物を広げて座り込んだ。それから四国組が来て、十数人でお昼を食べることになった。お弁当は缶詰のご飯が主食で、おかずは昆布の佃煮や海苔と沢庵など二、三種類の漬物だけである。小判型の平たい缶に入ったご飯は日本から持って来て、朝、ボイルしたものを各自一缶ずつ渡された。今日のようなレトルトパックされたご飯などまだなかった。缶詰に付いている缶切りで開けようとしたが、使い慣れない簡易缶切りではなかなか切れない。夫とああだこうだと言っている傍で、徳島県の玉子さんが、自分の缶切りですいすい切っている。ぼんやり見ていると「出してごらん」とわたしの缶をこともなげに切って「次、どうぞ」と夫のもあっというまに切ってしまった。幸二さんはといえば、

「缶のまま持ってくるのは重いからな」

と、ホテルで缶を開けて、おむすびにして持って来ていた。

一人で一缶全部は食べきれなかった。わたしたちも以後、幸二さんに習って、食べられる分量をおむすびにして持つことにした。

食後、地図を出して見ると、ほぼ中間まできている。

腹ごしらえはできた。脚の疲れも回復した。元気のでたところでゴールを目指すことにした。歩き慣れている幸二さんと足並み揃えて歩くと、無理なく楽に歩ける。それに少し耳の遠い幸二さんは、時折、コースのことなど話してくれるだけでこちらが何を話そうかと気を使うこともない。

小さな集落に入ったところで、思いがけず満開の八重桜の並木に出会った。さっきまで、こんな広い牧草地は日本で見たことはなかったと思っていたのに、桜の下を歩いていると、日本のどこか

にいるような気分になった。

遠くで奏でられていた音楽がだんだん大きくなって、ブランケンベルグの街が近くなった。どうやら音楽は行く手に見えるテントの中かららしい。「もう、ゴールかな」と喜んで、テントに入っていった。中はいっぱいの人で、笑い声に混じって異国の言葉が賑やかに行き交っていた。

手にてにジョッキを持った人が「あっち、あっち、あっちでビールを貰っておいで」というように、テントの奥の方を指差す。ビール好きの夫が、思いがけないサービスに喜んだのはいうまでもない。

嬉しそうに飲んでいた夫の周りに人の輪ができた。一面識もない外国の人たちが、旧知の仲間のように手を取り肩を組んで、完歩したことを互いに讃え合っている。ビールの飲めないわたしまでその雰囲気に巻き込まれ、誰彼となく握手をし、肩を抱き合っていた。

ところが、そこはゴールではなかった。後の一キロほどがそれはそれは遠かった。


二日目、空は晴れ渡り吹く風も暖かい。

中央会場で人に勧められるままに「ＩＭＬパスポート」を求めた。日本円にして一〇〇〇円ほどだった。特に持たなくてもいいと思っていた。後にＩＭＬマスターウォーカー賞を貰う時に必要になるということを、その時は知らなかった。

この日は、海岸に出て西の方に向かい、途中で南へまわって戻ってくるコースになっていた。たくさんのヨットが繋留されているヨットハーバーの堤をまわって砂浜に降りた。波打ちぎわが定かに見えないほど広い浜が前方に広がっている。街の中の道に溢れるほどいた人がうそのように、ぱらぱらになってマイペースで歩いている。我々黄緑色のユニホームも初めはなんとなくかたまっていたが、しだいにほぐれ、気が付けば坂本幸二さんともう一人、東京の坂本直近さんが近くを歩いているだけになっていた。

踏み固められているとはいえ、砂の上を歩くのは土の道やアスファルトを歩くようにはいかない。以前、銚子の九十九里浜を歩いた時のように、足が砂に埋もれたり靴に砂がはいるようなことはなかったが、広くなんの目標もない浜を真っ直ぐに歩くことは難しい。人の踏み跡を辿り、ずっと先に霞む岬の先を睨んで歩いている間はまだいいが、よそ見をすると曲がってしまう。

行ってもいってても砂、海、水平線。単調な風景に変化をつけているのはウォーカーの姿だけ。外国人のウェアはとてもカラフルである。それに、当たり前のことだが、一人として同じ歩き姿はないのも見ていて飽きない。

一時間ほどで浜を離れ、小高い砂山に上がる。光る緑の葉陰に薄紅色のハマナスがちらほら咲いていた遊歩道は、いつしか灌木の林に変わっていた。緑の径は、目にも身体にも優しくほっとする。林が終わるころから、のどかな田園風景が始まる。緑の牧場の中の家屋はみな煉瓦色のスレート葺の屋根で壁は白い。

突然、横道からウォーカーが飛び出してきた。

「四二キロコースの人なんだ」

と、幸二さんが教えてくれた。二時間前にスタートして、はや一八キロも余分に歩いてきていることになる。足の運び、腕の振りなど歩き方が違う。彼らはさっき追い越したと思っているうちにもうずっと先の方にいっている。

「ハロー、ハロー」

聞きなれた声に振り向くと、東京の柳生さんと、吉川さんではないか。彼らは四二キロコースを歩いているのだ。夕べの食事以来会ってないというだけなのに、なぜかとても懐かしい人に逢ったような不思議な気持ちになった。

「じゃ、お先に」

と、二人は彼らのペースをくずさず、すいすいと遠ざかっていった。

「お気をつけて。またホテルで会いましょう」

と、声を掛けたが、彼らの耳に届いたかどうか。

幸二さんはといえば、速い人がいようが、ゆっくりな人がいようがおかまいなく、終始自分のペースで歩くのだった。わたしは一緒に歩きながら、それがいちばん疲れないいい歩き方なのだということを学んだ。

道端の売店の前で大勢の人が休憩をしていた。アイスクリーム、ジュース、などの飲み物を売っているようだ。中を窺っていると、一二、三歳の少年が手招きしてコントロールポイントがあることを教えてくれた。見落とすところだった。カードにパンチをもらって、教えてくれた少年に「ありがとう」と古切手をプレゼントした。

日本を出る前に、子どもたちの参加も多いので、小さなプレゼントを用意しておくのもいいだろうと聞いていた。たとえば、バッジや古切手などは喜ばれると。

知人などから古切手を集めて水できれいに剥がして乾かし、一〇枚ぐらいずつ小袋に入れて持ってきていたのだった。

少年はとても喜んで、さっそく仲間に見せにいった。するとたちまち五、六人が古切手の周りを囲んで興味深げに見始めた。わたしは少年たちの輪に近づいて、古切手の小袋を一人ひとりに手渡した。我先に手をのばし、にっこり笑って手にするとすぐ小袋の中を出して一枚いちまいていねいに見ていた。自分のを見終わるとお互いに見せ合っていた。

古切手の取り持つ縁で、七歳から一二歳までの八人の少年たちと一緒に歩くことになった。彼らがどんなグループなのか聞きだすことはできなかった。彼らの言葉はオランダ語かオランダの方言のラフマン語らしい。お互い言葉は通じなかったが歌を歌ったり草笛を鳴らしたり、それは賑やかだった。

次の集落でちょうどお昼になった。ランチを一緒に食べようと言う。幸二さんはカフェに入ったが、少年八人も連れて入るわけにもいかず、夫とわたしはカフェの脇の草の上に腰を下ろした。彼らも周りに陣取って、めいめい持参したランチバッグを開けた。パンやジュースそれに小さなリンゴをかじったりと食欲旺盛である。わたしが海苔で巻いたおにぎりを食べ始めると、遠巻きに不思議そうに眺めている。「食べてごらん」と差し出すと、年長の少年が困った顔で受け取り、細かく割って全員に配ろうとするのだが、拒否する子、掌に載せたままどうしようかとじっと眺めている子、ちょっとなめてみて顔をしかめる好奇心の強い子。彼らにとってお米や海苔は初めて見る不思議なものだったのだろう。それをおいしそうに食べているわたしたち日本人もまた不思議な人種に映ったのではなかったろうか。

食後みんなで写真を撮った。学校で英語を選択しているという少年に写真の送り先を書いてもらった。

帰国後、簡単な英文の手紙を添えて全員に渡せるように写真を送った。

七月初め、その中の一人から、だれかに書いてもらった和文を書き写したと思われるお礼のエアメールが届いた。

午後は少年たちと別れてゴールを目指した。

庭先で鶏や家鴨の遊ぶ小さな村を抜け、教会のある村で、温かいスープのサービスを受けた。蚕の市で賑わっている町で露天をひやかしたりもした。

中央会場に戻り着いたのは一五時四〇分。ウォーキングパスポートの一ページに完歩の印をもらった。

## ウォーキングの虜になったスイスツーデーマーチ

ベルギーのウォークを終えて、わたしたち日本チーム一行二九名は、次の週末に行われるスイスツーデーマーチに参加するため、ブリュッセルから空路スイスに向かった。

機上から見えてきた白いアルプスの山々に、いよいよスイスに近づいたことを実感する。大好きなスイスである。わたしたちにとっては二度目のスイスである。

前年の夏、ドイツのゲッチンゲンに住んでいた長女夫婦と一緒に、チェルマットやグリンデルヴァルトを拠点にスイスアルプスの麓を毎日歩いた。夢のような二週間はあっという間に過ぎた。もっといたい、もっと歩きたいという思いを残したスイスにこんなに早く来られようとは思ってもいなかった。

ブリュッセルを飛び立って一時間、ジュネーブ空港に着陸。バスで国際機関の立ち並ぶビル群を見ながら、日本の醤油メーカーが出店しているレストラン・キッコーマンで昼食をとった。

ブリュッセルの旧市内の観光をして、レマン湖の北岸を東へスイスツーデーマーチが行われるまでの四日間を過ごすチェルマットへ向かった。

一八時四〇分、チェルマットに着いた。あたりはまだ明るい。が、谷の奥に見えるはずのマッターホルンは雲の中だった。

ホテル・アンバサダーはリゾート用のホテルだった。わたしたちの部屋はやたらと広く、キッチンまで付いていた。

翌朝、雲は低く、全ての山を隠していた。それでも予定通り全員で登山電車に乗って、標高一四〇〇メートルのゴルナーグラートへ上がった。カラマツの樹間に見え隠れしていたチェルマットの家並は、電車が雲の中を突き抜けるとすっかり雲の下。変わって白いヴァリスの山々が現れた。だが、あのマッターホルンの尖塔の先には雲が纏わりついて、その全容を見ることはできなかった。

登山電車の終点ゴルナーグラート駅から少し登った展望台に立つと、ゴルナー氷河の向こうにスイスアルプスの最高峰モンテローザをはじめリスカム、ブライトホルン、オーバーガーベルホルン、チナールロートホルン、ヴァイスホルンなど四〇〇〇メートル峰のパノラマが拡がっていた。

夫と山岳地図を拡げていると、坂本、柳生、五十嵐、吉川の諸氏が覗きにきた。一緒に峰々の名前を同定していた。それらの山を背景に何枚も写真を写した。

真冬の装束なのに寒い。後で駅の壁に架かっている大きな温度計を見ると、摂氏一度だった。

ゴルナーグラートからの降りは残雪が多くて、歩いて降りることはできなかった。登山電車を途中のフィンデルバッハ駅で降りて、チェルマットまでの一駅だけ歩くことができた。道々、枯草の間のスミレの紫や、カラマツの枝に並んだ珠のような花の赤に心惹かれて何度も足を止めた。

午後は自由行動だったので、夫と二人、フーリというところまでテレキャビンで上がり、一面に咲いた純白のクロッカスに堪能した。

次の日は、みんなでロープウェーを乗り継いで三八八三メートルのクラインマッターホルンの展望台へ上がった。ここから見るマッターホルンは背中をまるめているように見えた。

復路は途中駅のフーリからツムット村を経てチェルマットまで一時間四五分、山々の姿を楽しみながら歩いて降った。

昼食はチェルマットのメイン通りの中ほどにあるレストラン・モンテローザでチーズフォンデューを食べた。このレストランの壁には、マッターホルン初登頂をなしたウィンパーのレリーフがはめ込まれていた。

午後は音楽を聞きながらお茶を飲んだり、山岳博物館の見学をして過ごした。

夕方、雲ひとつないないマッターホルンに三日月がかかった。

チェルマットを発つ朝は快晴。紺碧の空に真っ白なマッターホルンがすっくと立っていた。

テッシュまで電車で戻り、バスに乗った。コッペンシュタインからオートトレインでカンデルシュテイクまでトンネルを抜け、バスはまた道路を走った。

インターラーケンで昼食をとって、ベルンに入った。

五日間お世話になるホテル・ベルン・アンバサダーは市街地の南のはずれにあった。ちょうど改修工事の最中でうるさい音が耳にさわった。エレベーターは臨時に付けられたものだったし、エアコンも万全ではない。おまけにわたしたちの部屋は三階の南西向きで、西日が入って暑かった。が、陽が落ちると気温は急激に下がり、工事の音も止んだ。

五月八日金曜日。緑の風と小鳥の声に目覚めた。快晴。

みんなで路面電車に乗って市内観光に出掛けた。電車の停留所はホテルのすぐ裏、一、二分の所にあった。ウォーク当日もこの電車に乗って、中央会場まで行くことになっている。

熊公園、バラ公園、大聖堂、時計台など石畳と煉瓦色の屋根が続く中世の街並みが残っているあたりを散策した。古い街の佇まいに満開のマロニエが甘い香りを運んでいた。

昼食は元穀物倉庫だったという地下のコルンハウスケラーというレストランだった。巨大なワイン樽を舞台にしたその上で演奏される音楽を聴きながら、ベーコン、ソーセージ、タンなどの煮込みとザウワークラフトの盛り合わせはこの旅の中で最高の味だった。

午後は自由行動。夫とウインドウショッピングをしたり、大道芸をひやかしたりしたのち、アレー川の岸辺を歩いてホテルに帰った。

夕食後、カジノで第三三回スイスツーデーマーチの開会式があった。ステージ上、ヨーロッパ参加国の国旗の中に日本の国旗もあった。歓迎の挨拶、表彰、歓迎の音楽演奏を聴いてホテルに帰った。

ウォーク第一日目。天気は晴れ。

二〇キロコースのわたしたち一六人は八時のスタートである。七時二〇分、ホテル前に集合して、市電で中央会場となっているベア・エクスポへ向かう。四〇キロコース、三〇キロコースの人たちはすでにホテルを出ていた。

街の中心部を抜け、北東に約二〇分。終点で下車。降りた目の前がベア・エクスポだった。噴水のある広場を囲んで体育館のような建物が数棟立っていて、周りにも中にも大勢の人がすでに来ていた。地元のウォーカーなのか、外国からのウォーカーなのかわたしには区別がつかない。

スイスツーデーマーチは、三三年前に、スイス軍隊がオランダのナイメーヘンのマーチに参加したのをきっかけに始まったのだという。一九六〇年一月の第一回ツーデーマーチは、軍関係者のみの五〇〇名だったが、翌一九六一年から一般市民の参加も奨励され、その数も増加し、外国人の参加もあって一万人を超えるようになったそうだ。

団体登録をしているわたしたち二〇キロコースの一六人は、まとまって一枚のコントロールカードでスタートし、途中二か所のコントロールポイントとゴールでチェックを受けなければならない仕組みになっている。団体歩行というのは勝手に先にいったり、むやみに遅れたりはできない。

ちょうど八時。グループのリーダー相原さんがスタート時刻と人数のチェックを受けて、みんないっしょにスタートした。

しばらくは広い車道脇の歩道を北へ向かう。休日のせいか車はほとんど走っていない。子ども連れの家族、犬を連れた若いカップル。老いも若きもみんな派手なウェアで、この時を楽しんでいる。「おはよう」と、妙なアクセントで挨拶をするヨーロッパの人。何度かこのようなウォーキングに参加した人だろう。こちらも負けずに「グーテンモルゲン」と返すと、笑顔で振り返る。初めて会った人なのに親しみを感じる。

二キロメートルほど行って車道と分かれ、左の脇道に入った。カエデの仲間だろうか、そよ吹く風に緑の若葉が揺れ、揺れながらサワサワと頬に心地よい風を運んでくる。最高のウォーキング日和だ。

菜種の黄、牧草の緑、タンポポの花の黄と葉の緑が混じった緩やかな起伏の一面の斜面。所々に白い花をつけたリンゴの樹の下で牛が休んでいたりする。以前フランス刺繍の図案集で見たような風景だ。

緑の風を胸いっぱいに吸いながら、なだらかな登りをぐんぐん進む。初めまとまっていたチームのみんなもいつのまにか縦長になり、他国の人たちと入り乱れてくる。わがチームの黄緑色のユニホームが前や後ろに見えている間は安心だ。

長い脚の男性がすたすたと抜いて行く。一五〇センチ余りのわたしが歩幅をいっぱいに伸ばしてもとうてい追いつかない。無理とわかっていても、夢中で長脚の男性を追いかけた。気が付くとグループの人たちから逸れていた。

山の端を廻ると第一のコントロールポイントがあった。黄緑色のユニホームが見えた。わたしはグループの前の方を歩いているつもりだったが、先に四、五人もの仲間がいた。

「コントロールカードがないと通過できませんの」

と、玉子さん。わたしも道端の小岩に腰かけて後続を待った。まもなくリーダーの相原さんが息を切らせてやってきた。

「全員が揃うまでここで待ってください。みなさん、もうそこまで来ていますから」

最後の三人組が来るまで一〇分余りかかったが、おかげでたっぷり休憩ができた。その間、相原さんは名簿片手に、何度も頭数をチェックしていた。一六人が揃ってコントロールポイントを通過したのは一〇時四二分だった。

道は次第に急になって森に入った。緑のシャワーいっぱいの広葉樹の森は歩き易く踏み固められ、木漏れ日が降り注いでいた。ピーフィ、フィフィピ――……小鳥が鳴きなき頭の上を飛んでいく。登りに弱い夫は息が上がってきた。少しずつ遅れだした。地図といっしょにもらった高低図を出して見ると、標高差一五〇メートルを一気に登っているところだった。その図によると登りは長くは続かないとわかり、気が楽になった。

登りきった所で仲間の数人が止まっていた。

「少し早いが、このへんで昼ごはんにしませんか」

一一時一五分だったが「いいですね」と、ザックを下ろした。広まった林道の脇に丸太が五、六本積まれていた。直径五、六〇センチから一メートルぐらい、長さは一〇メートル以上はあろうかという丸太の上に陣取って、お弁当を開いた。幸二さんに教わっていたように、この日も缶詰のご飯をホテルで開けて、おにぎりを作ってきていた。

「ここはいい」と後から来た仲間もみんなそこでお弁当を食べた。

午後は多少のアップダウンはあったが、ほとんど緩やかな下りだった。

農家の点在する里は薄紅色の桜が咲き、広い牧場で牛たちは傍を通るウォーカーに気を留めることもなく、のんびりと草を食んでいた。

第二のコントロールポイントは集落の中だった。このあたりの農家の建物は古くて驚くほど大きい。おそらく牛舎などの家畜小屋と人の住まいが一つの屋根に下にあったのだろう。小学校の体育館がすっぽり入ってしまうのではないかと思える大屋根の農家の前庭がコントロールポイントと休憩所になっていた。

わたしはその農家でトイレを借りた。係りの人が別棟の小屋に連れていってくれた。教えられたその板戸を開けると、畳一枚半はゆうに敷けるほどのトイレに驚いた。よく見ると隅の方に敷かれた枯草に浅い籠が置かれ、中に鶏が卵を産んでいた。落ち着かない気分で用をたして早々に外に出てみると、なるほど広い庭には鶏や家鴨が放し飼いにされていた。トイレに続く小屋には羊が数頭、山羊も何頭かいた。子どものころ、田舎の親戚に行くと、規模は小さいがそれによく似た風景があったような気がして懐かしかった。

市街地が近付くと賑やかな音楽が聞こえてきた。ショッピングモール前の広場で吹奏楽団が行進曲を演奏していた。疲れているときにこうした行進曲は元気が出るものだ。

自宅の前庭でお茶のサービスをしている家族もいて、町中がこの日を楽しんでいるように感じた。

一三時二〇分ゴール。ゴールチェックを終えて、売店へ急いだ。ビールが飛ぶように売れていた。夫はビール、わたしはコーラを買った。この国では飲み物は全て瓶で販売している。自動販売機はどこにもなかった。

「歩いた後のこの一杯は何ともいえん」

みんなで完歩に乾杯する。「乾杯、乾杯」とやっていると、見ず知らずの外人さんが「カンペー」と、グラスを高く掲げやってくる。お互い言葉はほとんど通じないが、完歩を讃え合う気持ちは同じだ。

一時間ほど休んで、電車でホテルに帰った。

ウォーキング第二日目は、中央会場から南の方のコースになっている。

三〇キロコースの人たちを見送ろうと早起きして、六時ごろベランダに出ると、小糠のような雨が降っていた。

「もう一日降らなきゃいいのにね」

「たいしたことはないだろう」

夫が言った通り、朝食を済ませてホテルを出るころには雨は上がり、薄日が射していた。ところが八時、スタートのころになると、またパラパラと降りだした。雨具を着て、折りたたみ傘まで開いた。

「止まないかなぁ」低い空を見上げた。雲がゆっくり流れている。「雨もまた自然」とはいえ、晴れの方が何倍もいい。「雲よ早く行ってくれ」と心の中で念じながら車道脇の歩道を歩いた。

二〇分ほど歩いたころ西の空が明るくなった、雲の流れが速くなった。が雨粒はパラパラと傘を叩いていた。

「虹、ほらほら虹」

いつもおとなしい藤田さんがみんなに聞こえるような大きな声で西の空を指差している。振り向くと広い草原の上に大きな虹が架かっていた。祈りが通じたのか、ようやく雨は止んだ。

一人また一人と傘をたたんでいた。

前日、左折した道を過ごして、この日は次を右にとって進んだ。

村に並ぶ家は数えるほどしかない。みな煉瓦色のスレート葺きで、切り妻造りか寄棟造りで、その屋根から、暖炉の煙突が突き出していた。

九時二五分、コントロール。

青空が拡がってきた。雨に洗われたぴかぴかの緑が目にしみる。手入れの行き届いた民家の庭やベランダを見ながら歩いていくと、黄や白や桃色の花の傍で、ポロ葱や赤カブ、ジャガイモ、青菜などたくさんの種類の野菜が育っていた。家庭菜園なのだろう。

集落が終わって、牧場の間の舗装された農道を緩やかに東の丘へ登って行く。視野いっぱいに牧草の丘陵が拡がっている。土が肥沃なのだろう、牛でなくても食べてみたいと思う瑞々しい草がびっしり育っている。一面タンポポの咲いた区画もある。タンポポの黄金色が風景をいっそう輝かせていた。

丘を登り切って、新緑の森に入った。明るい森だ。天に向かって真っ直ぐに伸びた幹は一七、八メートルはあろうか。ちょうど、若葉が育ち始めたところだった。落ち葉が積もって踏まれた平坦な道は、靴底に優しく、弾むように歩けた。

足裏の感触を楽しむように緩く右に回り、里へ降りていく。森の中ののっぽの樹にかわって低く枝葉を横に伸ばした樹が多くなった。樹間から赤屋根の農家が見えだした。数十軒の村だった。村の彼方に白いアルプスの山々が望めた。

どこまで行っても美しい森、豊かな牧場、手入れの行き届いた庭や畑、そして家。きれい好きで勤勉なスイス人の気質が窺える。立ち止まって眺め、何枚も写真を撮った。

郊外の住宅地に戻ってきた。比較的新しい家が多い。その中の一軒に、テーブルとビーチパラソルを庭先に出してお茶をサービスしている家があった。一〇歳くらいの少年が「お茶を飲んでいかないか」と手招きする。親子の先客も「おいしいよ」というような笑顔でわたしたちを誘う。夫が、「せっかくだから頂いていこうか」

と、足を止めた。若い父親が魔法瓶の頭を急いで押して、お茶をカップに注いで、傍にいた少女に渡した。彼女はにこにこしながらそれをわたしたちに差し出した。「ありがとう」と二人で庭を眺めながらお茶を頂いていると、美人の母親が次の魔法瓶を下げて出てきた。ずうっとサービスしているのだろう。

温かい家族の温かい紅茶の味は、忘れられない味となった。わたしたちは親子にいっぱいのありがとうを言い、それぞれと、しっかり握手をして先を急いだ。

この日はゴールまでの一キロメートルをパレードすることになっていた。一二時四五分までにゴールの手前一・五キロメートルの所に集合するように言われていた。遅れないように行かねばならない。地図の上では分かっても初めての道は不安がある。集合時刻に行き着くかどうか心配になってきた。それに、いつの間にか仲間の姿も見えなくなってしまった。

「少し急ぎましょうか」

「うん、地図で見たところ、あの森の中じゃないかな」

あの森ならもうすぐだ。が、そうでなければ、遅れるかも知れない。急ぎ足になった。

明るい森の中に、沢山の人が立ったり座ったりして休んでいた。相原さんの姿があった。間に合った。

わたしは大きな樹の根っこにどっかりと座り込んだ。わたしたちがいちばん遅いのかと思ったが、後から後から大勢の人が歩いて来る。疲れているはずなのにみんないい顔をしている。

ゴールを祝福してか、ピンクやブルーのパラグライダーがいくつも空を飛んできた。

一二時五五分パレードが始まった。わが日本チームは旗を掲げた玉子さんを先頭に二列に並んで行進した。どこの国のどんなグループかは分からないが、大小色々なグループの隊列が続く。

いよいよゴールに近づくと制服を着た吹奏楽隊が行進曲を演奏している。足どりが軽くなる。みんな胸を張って手を振り、足並み揃えて、雛壇に並んだ正装のベルン市政府高官の前を通り過ぎる。その続きの雛壇にはお洒落に着飾った一般の市民が拍手と声援を送っている。嬉しいような面映ゆいような気持ちでわたしは夫と列の後ろの方を歩いた。

ゴールして、完歩賞と記念メダルを受けた。

日本チームの三〇キロコースのパレードを市民にまじって出迎えにいった。日章旗を掲げた坂本直近さんに続いて斉藤、五十嵐、野口、有井、吉川、それに七六歳の坂本幸二さんが意気揚々と行進してきた。わたしは急いでシャッターを押した。

ウォークが終わった翌日、バスでルチェルンの観光に行った。歩いて市内観光をして、スタットケラーというレストランでショーを見ながら食事をした。観光場所もこのレストランも前年長女たちと訪れた所ばかりだった。が、下から見ただけの中世の城壁跡を今回は歩いた。ウォーキングのグループならではと思っている。

いよいよみんなと別れる日がきた。

バスでチューリッヒ空港に向かった。日本へ帰る仲間を空港で見送り、わたしたちはフランクフルトへ飛んだ。空港まで迎えに来ていた長女の夫と、列車でゲッチンゲンに向かい、長女宅で初孫のケイに初対面した。

帰国後一一月の初め、埼玉県東松山市で開催された日本スリーデーマーチに参加したわたしたちは、スイスをいっしょに歩いた多くの仲間に再会した。

以後、国内外のウォークで何度もご一緒する機会に恵まれたが、残念なことに鬼籍に入られた方も何人かいらっしゃる。

それから四年後の一九九六年、わたしと夫は再びベルギーとスイスのウォークに参加した。妹のクニコも一緒だった。この年は三〇キロコースを歩いた。

## 春美さんと出会ったデンマークとアイルランド

宅配便が届いた。高崎の萩原春美さんからだ。

「お父さん、春美さんからトマトが届きましたよ」

名前を見ただけで中身が分かった。毎年、立春を過ぎて、陽射しが明るくなるころ。春美さんのトマトが届くようになって、もう一〇年近くになる。

春美さんはウォーキングを通じて知り合った夫とわたしの共通の歩友である。

一九九三年六月の最終週末に行われる「第二五回デンマークハーベスマーチ」と七月初めの木、金、土、日曜日の四日間開催される「第二七回アイルランド国際フォーデーウォーク」に参加した。国外のウォーキング大会に参加するのは、前年のベルギーとスイス以来である。

日本からの参加者は二七人。二、三人を除いてほとんどが初対面だった。

成田から英国航空でロンドンへ、更に乗り継いでコペンハーゲンへ降りた。

翌日はバスとフェリーでシェラン島、フェン島を経て大会開催地のビボーに向かった。途中、フェン島で童話劇のセットのような可愛い村オーデンセで途中下車、アンデルセンの生家とミュージアムを見学し、ビボーに着いたのは三時半を少し回っていた。

ビボーはユートランド半島の中央部にあるデンマークの古都で、人口は三七万七〇〇〇人ほど。石造りの古い街並みと自然が調和した静かな街だった。

わたしたちの宿は、町のはずれのゴルフホテル・ビボーというリゾートホテルだった。この町の建物としては新しい方で、広い芝生を囲むように建てられた平屋建てで、どの部屋からも芝生に出入りすることができる開放的な広い部屋だった。

小一時間休憩をした後、みんなで大会参加登録に出掛けた。

わたしは夫と二〇キロコースに申込み、コース地図をもらった。日本人参加者の半数余りは二〇キロコース、三〇キロコース、四〇キロコースの人も数人いた。

いったんホテルに戻って、黄緑色のユニホームに着替え、再び一九時から開会式の行われるビボースタジアムに行った。

二〇本ほどのポールに掲げられた参加国の国旗の中に日の丸もはためいていた。

予定時刻を少し遅れて各国別に国旗や協会旗を先頭に入場行進が始まった。わが日本チームの旗手は最年長の芹沢さん。スタンドを埋める観客が手を振り、拍手をして歓迎してくれる。わたしたちもそれに応えて手を振りながら行進した。

赤に白い線のユニホームの大集団、ブルーの上下のウェアに赤い帽子の一団、ショッキングピンクで身を固めてアピールする国……。いくつもの国や団体の列がメインスタンドの前を通過するときに、国や団体が紹介された。

全員の入場が終わると、開会式が始まった。デンマーク語の挨拶はさっぱり分からなかった。地元の子どもたちによる組体操などのアトラクションが終わってホテルに帰り着いたのは午後一〇時前だった。北欧の夏の日は想像以上に長く、いつまでも暮れなかった、が、ベッドに入った。

ウォーキング初日のスタートは午前六時。

五時過ぎにホテルを出た。もうあたりは明けていた。が、わたしたちはまだ十分目覚めていないのかスタート前の緊張からか無口だった。石畳の緩やかな坂道を歩く。建物の間に足音だけが心地よく響くのは、朝の澄んだ空気のせいだろうか。

スタジアムが近くなると、いつどこから来たのか、大勢の人がスタートを待っていた。

ちょうど六時、コントロールカードにパンチを入れてもらって出発。

ここの大会は団体歩行ではない。仲間がまとまって歩かなくていいとはいえ、個人で歩くのは少々不安でもある。

初めは舗装道路を北上する。わたしたち二〇キロコースの者は地図上の緑色の道を辿ることになっている。要所ようしょに立てられた標識の矢印も同じ緑色で描かれていて分かりやすい。調子は上々。

市街地を抜けると木々の緑がいっそう目に染みる。高台に建つ煉瓦造りの家々。突き出した暖炉の煙突から白い煙があがっている。

わたしたちを歓迎しているのか、東洋人を珍しがっているのか、二階の窓から二つ三つ顔が覗いて手を振っている。こちらも手を振って応えるとまた一つ顔が増えた。

次の家のベランダからも、またその次の庭からも子どもやおじいちゃんが揃って手を振ってくれる。この国の人々はとても人懐こいのだなあと思う。とても温かい気持ちになって、気持ちよく歩いている自分に気付く。

三〇分も行くと視界が開け湖畔に出る。静かな湖面。湖をぐるっと囲む木々の間に赤い屋根が映える。先になり後になりしていた仲間たちもみな立ち止まって、この風景を楽しんでいる。

「みんなで写真を撮りませんか」

湖を背景に二〇キロコースを歩いた者たちが写っている写真が手元に残っている。

湖畔の道から森に入る。照葉樹に囲まれた柔らかい土の径のなんと快いことか。車の疾走するコンクリートの脇道を歩いているときの緊張感は全くない。幼いころ、疎開先のおばあちゃんの家で藁草履を履いて歩いたときの足の裏の感触が蘇る。

ゆるやかに通り過ぎてゆく風がハマナスやノイバラを揺らしている。マツムシソウの蜜を吸うミツバチが花から花へと移り飛ぶ。草原でのんびりと草を食む牛や羊たち。農家の軒下に整然と積まれた割木。

子どものころ見たような懐かしい風景だ。魂が解き放たれていく。

野山を切り開きコンクリートで覆い、排気ガスと騒音にまみれた車社会に慣れきっている自分にぞっとする。日本に帰ったらなるべく車は使わないようにしよう、と思う。だが帰れば帰ったで、一日も車の放せない情けないもう一人のわたしがいる。

ところが、わたしが子どものころにはなかった高い金属製の風車が二本立っていた。

「あれは、なに」

近くにいた芹沢さんが、

「風力発電の風車だ」

と、教えてくれた。それから間もなく日本でも見るようになるとは、その時には思わなかった。

再びビボーの市街に入りゴールしたのは一〇時五五分。二〇キロを五時間弱で歩いたことになる。

部屋に帰ってシャワーで汗を流し、おにぎりを食べた。こんなに早く帰れるのなら、おにぎりを持って歩くことはなかったのに。

洗濯をして昼寝をしても、まだ午後四時。

「散歩でもしようか」

夫に誘われてホテル裏の湖畔の散歩に出た。食堂脇から外に出ると湖はもう目の前。たくさんのカモが湖面に浮かんでいる。物音ひとつない湖畔をぶらぶらと歩いた。

遠くに先客がいる。その方に向かうと、岸部に上がって歩いているカモの群れを写そうとカメラで追っている女性が二人。

「たくさんいますね」

と、挨拶がわりにいうと、

「かわいいでしょう」

いかにもかわいいといった優しい返事だった。

これが、初めて春美さんと交わした言葉だったと思う。他の一人は、いつも春美さとごいっしょの黒沢さんだった。二人はこの日、わたしたちとは別の三〇キロコースを歩いていた。

「三〇キロもお歩きになってお疲れではありませんか」

「道も空気も景色も、みんないい人ばかりで、疲れていません」

と春美さんがいうと、黒沢さんも、

「色んなお花がきれいでしたね」

と、続けた。

飾り気のない心温かそうなお二人に魅かれて、しばらくベンチに座って、野に咲く花の話などをして時を過ごした。お二人ともお花をよく知っておられて、色々教えていただいた。

二日目、スタートは八時。二つの湖の間を南に向かうコースだった。

ぽつぽつと雨が落ちだしたので傘をひろげたがすぐに止んだ。前日に比べ人が多い。特に子どもの姿が目に付く。地元の人がたくさん参加しているのだろうか。

わたしはポケットに入れてきた五円玉を子どもたちに一枚ずつ渡した。はにかみながらも嬉しそうな笑顔がこぼれる。彼らには穴のあいた硬貨は珍しいらしい。わたしが「ジャパニーズ・ラッキーコインよ」というと中の一人が分かったのか分からなかったのか仲間になにやら説明していた。

それから、数キロ子どもたちと歩くことになった。彼らは七人グループ。地元の仲良しグループで年齢は一〇歳から一二歳までだという。ここでも学校で英語を選択しているという少年が、わたしのかたこと英語を他の少年に伝えてくれる。彼らもまた歌を歌って聞かせてくれる。わたしは、お返しに「ぽっぽっぽっ、はとぽっぽっ……」と歌うと、もう一度と何度もせがむ。わたしはいい気になって繰り返していると、彼らも「ぽっぽっぽっ、ぽっぽっぽっ」とはしゃぎながら歌う。何度もなんども歌いながら歩いた。

ゴールが近付くと三〇キロコース、四〇キロコースを歩いた人たちと合流してパレードが始まる。鼓笛隊が繰り出し、行進曲に足並みを揃えてスタジアムのゲートをくぐり、場内を一周する。観覧席を埋め尽くす人々の拍手がいっそう大きくなると、脚の疲れも忘れてしまう。

初日には気が付かなかったが車椅子での参加者が大勢いるのに驚いた。

デンマークに来てウォーキングのことは勿論、何百年も経た古い建物や街を大切にして今も住み続けていること、身近な自然を慈しみ、障碍者と健常者、若者と高齢者が仲良く共生している様子、風力発電など自然エネルギーを積極的に取り入れていることなど間近に目にし、教えられ考えさせられることのなんと多かったことか。


デンマークでのウォーキングを終え次の大会地アイルランドのキャッスルバーへ向かった。

朝、六時にホテルを出てバスと船でオーフス、カルンボーを経てコペンハーゲンのメルキュールホテルに入る。

夕食後、ホテル近くのチボリ公園の見学。ちょうど、わたしの地元の岡山にチボリ公園を誘致する声が高まっていた。夜の賑やかな公園を歩きながら、このような公園が日本に必要なのだろうか、と何度も考えた。楽しいはずの公園散策は疲れが残っただけだった。

翌朝、コペンハーゲン空港からマンチェスター航空でアイルランドのダブリン空港へ飛び、アイルランドフォーデーマーチの開催地キャッスルバーを目指す。

アイルランドの東岸ダブリンからアイルランド島を横断して西海岸に近いキャッスルバーまでバ

スで二三〇キロメートル、四時間の道程だ。

　波打つようなどこまでも続く緑の丘をバスはひた走る。石を積み上げて囲った牧場で、羊がのんびりと遊んでいる。一区画は相当広く、野球場が二つや三つはゆうに入ってしまうほどの広さだ。その積み上げられた石の多さには驚くばかりだ。荒野を開拓したときに出てきた石だそうだ。聞くところによると、一メートルに約一〇〇個、一キロ四方を囲むのに四万個。これが地平線まで続いているのだから、気が遠くなってしまう。永々と何代も積み継がれてきたのだろう。アイルランドの人々の根気強さと、自然と共存してきた伝統を感じずにはいられない。

　さて、キャッスルバーでバスは予定のウェルカムインホテルの前に止まった。が、どんな手違いがあったのか、全員が同じホテルには入れないので、九人は別のホテルを用意しているといわれた。丸茂団長、春美さんと黒沢さん、紺野さん、須川さん、馬場さん、笠本さんそれにわたしと夫の九人だった。

　ウェルカムインホテルでみんなと昼食をとって、マイクロバスで町から一五分ほど離れたホテル・ブリーフィーハウスに向かった。

　バスが舗装道路から離れて森の中に入っていった。天を覆うほどの巨木が両側に繁茂して道は薄暗い。バスはライトを点けスピードを落として、緑のトンネルを奥へ奥へと分け入った。間違ったところへ連れて行かれるのではないかと不安になった。

緑のトンネルを抜けると、中世にタイムスリップしたのではないかと思えるような光景があった。石造りの古城が目の前に静かに立っている。おそらく一七世紀前後に建てられた領主の居城だろう。建物の中にはいると、それがホテルのために建てられたものではないことがすぐに分かった。領主が住んでいた当時のままに保存された部屋がいくつもあった。フロントも、玄関近くの廊下の両側の数々の部屋も、ドアはなく自由に出入りできた。

ロビーとして使われている部屋の調度品やじゅうたんも当時のままなのか、重厚で気品があり、往時の繁栄が偲ばれた。ロビーを突き抜けると建物の裏にホテル所有の広い緑の牧場があった。羊が七、八頭遊んでいた。

だが、二階奥のわたしたちに当てられた部屋は、最近増改築して客室にしたものらしく、よくあるシティーホテルのようなしつらえになっていて、ちょっぴりがっかりしたのだった。

午後七時からオープニングセレモニーに出るために、ユニホームに着替え、迎えのバスで再びウェルカムインホテルへ。みんなと合流して、近くの広場にいった。

デンマークほどの規模ではなかったが、オランダ、ベルギー、スイス、ノルウェー、オーストリアなどの国旗を掲げる参加者にわが日本チームも加わった。それに地元の子どもたちの多いのはほかではあまり見かけない光景だった。

フェルト製で濃いグリーンのお揃いのワンピースを着た少女たちのグループがいた。ワンピースの両袖と胸元からフレアースカートの裾に続く幾何学模様はとても印象的だった。このワンピースが実はアイルランドの民族衣装であることが分かったのは、二日後のことだった。

さて、今度は三歳から一〇歳くらいの白い服装のお人形のような子どもたちが、白いワンピース姿の女先生に引率されてやってきた。ごく幼い子は手にてに小旗を持って、年長の子はテニスのラケットをもっていた。テニスクラブの子どもたちなのだろう。この他にも両親に連れられてきている子もいた。色白につぶらな瞳、彫の深い美少年美少女ばかりだった。

この子たちを交えて市中パレードが始まったのは、予定時刻を三〇分も過ぎていた。

街の名士と思しき人々、さっきまでパブで飲んでいたのかコップ片手の御仁がエプロン姿のコックさんやウェーターさんといっしょに通りに出て歓迎してくれる。

小さな町なので一周しても三〇分ほど。かわいい芝生の広場に着く。このイベントのために作られたステージの前に並ぶと、オープニングセレモニーが始まった。

アイルランドのウォーキングの会の代表の挨拶があった。真っ赤なスーツを着た美人だった。ということだけではなく、こうした会の代表が女性であるということにえらく感心したのを今も覚えている。

翌朝、お迎えまでに朝食をすませ、バスでホテルに行った。ウェルカムインホテルではそこに泊まっていた仲間たちがすでに昼食用のおむすびを作って待っていてくれた。

ここでおにぎりのことを書いておこう。

これまでも、そしてこれからも、外国のウォーキングに日本チームとして参加した時の昼食はいつもおにぎりだった。

日本から持ってきたご飯の缶詰を、厨房でボイルしてもらうのだった。小判型の缶詰の中身は、白ご飯だったり、とり飯だったり、赤飯だったりと日替わりで用意されていた。赤飯はたいてい最終日。無事完歩おめでとうの意味もあったのだろう。

わたしも初めてのときは缶詰をそのままもって歩いて、昼食時に缶を開けて食べていたが、何度もウォーキングを経験している坂本幸二さんがおにぎりにしてきているのを真似るようになっていた。缶の目方だけでなく、一缶完食できないわたしたちは、それだけで荷物が軽く楽になった。だれいうともなく、おにぎりにすることが瞬く間に広まっていた。

朝食の前後に食堂の隅のテーブルにあつあつの缶詰と佃煮や梅干しなどの漬物が数種類準備される。缶切りで缶を開け自分のおむすびを自分で結ぶのだ。中に好みの梅干しを入れたり、昆布の佃煮を入れて、海苔を巻いた。三角おにぎりを三、四個作る人もあれば、まんまるな大きなのを二つ作る人もあった。特大一個をラップに包んでいく男性もいた。わたしはあれこれやっているうちに、一缶で、長い俵型を四個作るようになった。これがちょうどタッパーウェアにきちんと納まることを知ったからだ。海苔は別に持って行って食べるとき巻くとぱりっと風味がよかった。ちなみに、小食なわたしたち夫婦は、一缶一人分を二人で分けてちょうどいい分量だった。ただ、どうしても野菜や果物のほしいわたしたちは、前もってトマトやキュウリ、オレンジなど手軽に食べられる物をスーパーで買って、洗ったり、切ったり、薄塩をして持って行くことが多かった。部屋でゆで卵をして持って行ったこともあった。

このご飯が、二週間三週間の旅の間に数回あることで、現地の食事に飽きることもなく、お腹のご機嫌をそこなうこともなかった。

その日は自分でおにぎりを作ることもなく、どなたかが作ってくださったおにぎりを持ってスタート地点になる町のショッピングモールの中庭へいった。

アイルランドフォーデーマーチは二五キロコースと四〇キロコースの二コースだった。ただこの他に三日目にランブルといって起伏のある道なき道を行く三〇キロコースがあった。いっしょに歩きましょうと誘われたが、わたしたちは無理はしないことにした。

二五キロコースも四〇キロコースも出発は九時ということになっていたので八時半に行ってみると、もうスタートしている人もいた。わたしたちもすぐスタートした。

次の日も八時半スタート、三日目は八時二五分、四日目は八時一五分とかなりいい加減なものだ。いい加減といえば、コースマップの縮尺もいい加減、分岐点の指示も分かりにくく、前後に道を知っている人でもいなければ迷ってしまいそうになる。そうしたことが何度もあった。

初日、地図の上では中程を少し過ぎたかなと思える地点でお弁当にしようということになった。マツ並木の下に腰を下ろすにいい場所をみつけて、いっしょに歩いていた仲間六、七人とお弁当を開いた。

急に霧雨が降りだした。雨具はあってもなくてもいいほどだったが、わたしたちの仲間はみんなレイン・ウェアを着た。だが、現地の人たちは傘もささず濡れても平気で歩いていた。

マツの木の下なら、少しは雨を遮ってくれるだろうと、食べかけたお弁当をそのまま食べ続けていたら、運よく薄日が射し始めた。食べ終わったころだれかが「降らないうちに早くゴールしよう」というので、早々に腰を上げた。

さあ、もうひと頑張りだと、みんな張り切って歩きだした。

数十メートルいって、建物の角を左に折れた所でみんなの目が点になった。目の前に見たのは、朝スタートした場所、つまりこれからゴールする地点だった。こんなとき「狐につままれた」というのだろう。みんな爆笑のうちにゴールしたのだった。

この町の人の大らかさをあらわすもうひとつのエピソードがある。

西海岸に近いキャッスルバーは暖かいメキシコ暖流の影響を受け、北緯五四度という高い緯度にあって、夏は気温が一八度を超えることが少なく、冬でも氷点下になることはないという。年間を通じて雨の日が多い。わたしたち滞在した五日間、一粒も雨が降らなかった日はなかった。ただ、降るといっても、小糠雨が降ったり止んだりで、時折、ザーときたかと思う間もなく雲が切れ、薄日が射すといった具合だ。

そんな雨だからか、雨が降りだしたからと、干してある洗濯物を取り入れることはしない。どの家でも干したまま、いつかは乾いてくれるというのが、この地の習わしらしい。洗濯干しにもお国柄が現れているのだなと思ったのだった。

暖かく雨の多い気候は緑がよく育つ。どこまでも草原が拡がっているように見えるが、歩いて行くと草ばかりではなかった。実にたくさんの花が咲いていた。アザミ、ノゲシ、ナデシコ、ワタスゲ、トラノオ、シモツケソウなど、日本の高地で見かける花の仲間が多い。一本いっぽんが小さく可憐で地味だ。が、大群落を作って一面をカーペットのように埋め尽くしている様は大輪の花よりずっと和む。

そんな緑や花々の群れの先に、整然と並べられた黒いブロックのような物が現れる。これが泥炭だそうだ。草の根などが蓄積炭化してできたものらしく、地面を特製のスコップで掘り起こして乾かしているのだ。火付きも火持ちもいい泥炭は暖炉の燃料に最適だという。手に取ってみるといがいに軽い。地面を掘りさえすれば燃料が得られるなんて羨ましいような話だ。

二日目、歩き終えてホテルに戻って、春美さんたちと散歩に出た。近くを一時間ばかり歩いた。近くの教会で結婚式を挙げたばかりのカップルやその家族と写真を撮ったり、道端で自家製のイチゴを売っている少女のイチゴを買って食べたり、旅先の楽しみは尽きない。

夕食後、部屋でくつろいでいると、ホテルで行われているダンスを見に行きましょうと誘われた。広間の中に入ると正装をした大人に交じって子どももいた。どうやら結婚パーティーらしい。ホテルのスタッフらしい人が入って見なさいというようなしぐさで、わたしたちを招きいれてくれる。邪魔にならないように隅っこに立って見せてもらった。

一〇歳前後と思われる子どもがアイリッシュダンスをしていた。女の子の衣装は、パレードのとき、少女の着ていたのと同じフェルト製のワンピースだった。上からアップリケされた模様は、あのときのものより少し派手めだった。

踊りの特徴は、腕は体側につけたままでほとんど動かさない。足をカタカタと踏み鳴らしながら前後左右の移動のみでテンポが速い。女の子三人で踊ったり、男女が二人で踊ったり、単調なようでいて構成に変化があり、見ていて飽きなかった。思いがけず、いいおみやげになった。

三日目は、ひたすら北上し、西へ回ってまたほとんど真っ直ぐに南下するという単調なコースだった。真っ直ぐな道は、前後の人がいつも視界の中にあって、安心して歩くことができた。

その日は、迎えのバスを待たず、ホテルまで夫と二人、一時間近くかけて歩いて帰った。

最終日、終日陽が射さなかった。こんな日は子どもたちもウールのコートを着込んでいる。途中で温かいスープのサービスがあったのは嬉しかった。体も心も温まってゴールできたが、風邪を引いたのか、喉と鼻がむずむずする。そんなわたしの様子を知った春美さんが「葛根湯なの、もしよかったら」と、そっと部屋を訪ねてくれた。わたしはありがたく頂戴し、ぐっすり眠った。翌日はすっかり元気を取り戻していた。

春美さんとはその後、国内外のウォークで何度もごいっしょする機会があった。

春美さんも黒沢さんも元理科の先生だったことを知ったのは、何度目かにお会いしたときだった。そして、たくさんの花の名前や植物のことを教えていただいた。

# マリンベルク大自然ウォークと優子さん

ドイツ中東部のマリンベルクという小さな町を歩いた。

一九九〇年一〇月、ベルリンの壁倒壊後、東西ドイツが統一されて三年半余り経った一九九四年五月のことだった。

統一前はドイツ民主共和国に属していたマリンベルクは、旧東ドイツ時代の生活環境を未だ色濃く残していた。

成田一三時発の日本航空。同行の仲間は、男性一一名、女性五名の一六名。これまでの海外ウォークで何度かいっしょに歩いた人たちがほとんどで、初めての人は三名だけだった。

団長は田口弘さん。埼玉県東松山市で長年国語の教師をされていた方で、教員組合の執行委員長、校長、教育長を歴任されてたという経歴をお持ちである。そして、詩人で良寛の研究者でもある。

マリンベルクでわたしたちを待っているのは岸優子さん。彼女は田口さんの教え子で、彼女の亡き父上は田口さんの友人だったという。

一二時間のフライトの後、現地時間の一八時過ぎ、フランクフルト空港着。まだどこかにあどけなさの残る優子さんが「おつかれさま」と出迎えてくれた。満面の笑顔で、「田口先生」と駆け寄る彼女の目にきらりと光るものがあった。

日本を離れて二年余り。久しぶりに逢う父親のような田口先生がどんなにか懐かしかっただろう。

優子さんは、大学を出て東松山市の中学校の英語の教師をしていた。毎年一一月に開催され、多くの外国人ウォーカーが参加する日本スリーデーマーチで語学ボランティアをしていた。そのとき、ドイツから参加していたラルフ・ツィオラさんと出会い、恋し、結婚してドイツに渡り、マリンベルクに住んでいた。

フランクフルトのホテルで一泊し、翌朝、フランクフルト中央駅から列車でライプチヒへ向かった。移り変わる車窓の風景が旧西ドイツから旧東ドイツに入ると一変した。沿線の民家が目に見えて小さくなった。元町工場だったと思われる廃墟の回りには錆びついた機械が散乱し、夏草が茂っていた。復旧途上の旧東ドイツだったが、隅々までは未だ手が届いていない。ヨーロッパ最大といわれるライプチヒ中央駅もフランクフルト駅のような活気はなかった。

マリンベルクからマイクロバスで迎えに来たくてくれていたのは、わたしたちと同年配の人のよさそうな男性だった。彼には、この後、マリンベルク滞在中、ホテルと町中のスタート地への送迎をずっとお世話になることになる。彼は、優子さんの夫、ラルフさんの父親だということが、後に分かって驚いた。

日本語も英語も全く話せない彼と、訛りのあるドイツ語の分からない我々との間の通訳は優子さんだった。

マイクロバスは三時間余り走った。舗装道路の各所は荒れ、道幅は広い所ばかりではなかった。ようやくマリンベルクの家並が森の彼方に見えてきた。「遠くへ来たものだ」とつくづく思った。マロニエがちょうど花時を迎えていた。天を指した白花の見事に咲いたマロニエの大木の下をくぐり教会の隣の大きな建物の傍にバスは止まった。

元は何に使われていた建物なのか。修復間もない立派なその建物はどうやら今は町の人の集会に使われているらしい。

バルコニーの前で「第一回マリンベルク大自然ウォーク」の式典が行われた。バルコニーの上に上がった地元の名士と思しき人や国際マーチング協会の役員の挨拶が次々に行われた。わが日本チームの田口団長も、日本語で参加者を代表して挨拶をされ、優子さんが通訳をした。みごとなドイツ語だった。

長身のラルフさんは主要なスタッフとして会の進行役を務め、寄り添うように立ち働く優子さんは生き生きとしていた。

開会式は三〇分余りで終わった。

マイクロバスで町はずれの丘の上の三階建ての小さなホテルへ送ってもらった。お世話になるホテル・ドライブ・ルーダーヘーエはまだ新しく、快適な四日間が過ごせそうだ。


ウォーキング第一日目。晴れ。

スタートは前日開会式の行われた場所だ。優子さんがマイクロバスに乗って迎えにきてくれた。わたしたち日本人は北海道の登坂さんの指揮でラジオ体操をして七時五五分スタート。この日わたしたちが歩くのは二五キロ「緑と古城のコース」だという。仲間九人と優子さんもいっしょだ。心強い。四〇キロコースの人たちは一足先にスタートしていた。

ウォーカーの姿はちらほら。地元の人なのか、ヨーロッパの他の地から来た人なのか。今まで参加した大会のような賑わいはなかった。わたしたちは日本人ばかり一〇人で歩いた。

豊かな緑の丘陵がどこまでも続いて、緑の交響曲を奏でている。草も樹もその種類によってミルク色の緑、紅茶色の緑、抹茶の緑。青緑、黄緑、深緑、光る緑……まだまだ数限りない緑が、自己主張しながらもみごとに調和し、その中に点々と白やピンクの花がちりばめられ、緑はいっそう映えている。

やがて、黄金色のタンポポの草原。草原と広葉樹林を分けた緩やかな径を、登ったり降りたりするうちに、円筒形の石積みの塔が樹間に見え隠れしてきた。径はその小高い丘へと続いていた。城址らしい。苔むした石積みの壁はどれほどの時を経ているのか。どんな人の居城だったのか。眼下にはまるで箱庭のような可愛い村が望める。そこに立つ家々の白壁に急傾斜のスレート葺きの屋根はこの地方独特らしい。

丘を巻くようにつけられた径を駆け降りていくうちに、流れの音がだんだん大きくなってきた。小さな村に降りた。

小さな木造の建物の前庭に並べられた椅子で数人のウォーカーが休憩している。傍のテーブルでスタッフらしい男性と男の子が手招きしている。近づくとコントロールポイントだった。

「グーテンモルゲン」

わたしが知っている数少ないドイツ語を使って、できるだけ彼らと仲よくなりたかった。

ポケットから紅色のコントロールカードを取り出すと、男の子はていねいにインクをつけ、肩をいからせ、ふたつ目の枠に狙いを定めてスタンプを押してくれたのだったが、丸いスタンプの中のドイツ語部分はインクがにじんで読み取れない。にじんでなくても読み取れなかっただろうが。スタンプの丸を囲んでいる靴底の形がなんともユーモラスなので「ダンケセン」というと、男の子は半分てれたような半分得意げな笑顔を向けてくれた。

「ここ、油の博物館ですって。中に入ってごらん」

と、言いながら一足先に着いていた新潟の尾形さん夫妻が小屋から出てきた。

ザザーザザーという水の音にギーギーと水車の軋む音が懐かしい。豊かな水を掬って水車が回り、菜種油を絞っている。幼いころ、粉を挽いたりお米を搗いたりしていた近所の水車小屋にどこか似ていた。

村には製材所もあった。切り揃えられた丸太が道の両側へ積み上げられている。材木を自然乾燥させているのか製材される日を待っているのか、こんな風景も日本のどこかで見たような気がした。のどかで、郷愁を感じる村だった。もっと居たいと思ったが先はまだ遠い。

手入れの行き届いた針葉樹の中の道が続いた。天を突くような大木もあれば、幼い木も育っていた。油の博物館で休んでいた外国人グループが手を振って、すたすたと長い脚で追い越していった。七人グループの彼らのほとんどは、まるで登山でもするかのように、ニッカーボッカーにごつい革製の登山靴を履いていた。我々は全員が長いズボンかトレーニングパンツにウォーキングシューズである。重い登山靴で何十キロも歩いて疲れないのかと気になったが、彼らは慣れているらしい。草原の中にうねうねと続く径。緩やかに降り、登り、仲間とゴールしたのは一四時を少し過ぎていた。

その日の夕食は町中にあるピラミーデというレストランだった。歓迎会ということで、少女たちの歌を聴きながらの食事だった。この地方で歌い継がれた歌だという。歌われている言葉の意味は分からなかったが、清らかに澄んだソプラノにうっとりしながら、たおやかな時が流れた。

食後、別室でボビンレースを編んでいる娘さんたちの様子も見せてもらった。赤と白の民族衣装を着た六人の女性が真剣な眼差しで黙々と器用に指を動かしている。円筒形の枕に図案を置き、ピンを打って、何本もの細い糸をかけていく気の遠くなるような作業である。それぞれの糸の先に付けられた糸巻が錘の役目をしているらしい。指導者の年配の女性の他は、始めてまだ二、三年だという。郷土に伝わる手仕事を絶やしてはならないと励んでいる姿を目の当たりにして、心から頑張ってと言いたくなった。

二日目のスタートは、マリンベルクの街の中心から南へ六、七キロのところにある森の中からだった。

この日、日本人には、ヨーロッパの人とは一部別のコースが用意されていた。隣国チェコに自由に出入りできる地元の人は、チェコに通ずる道を歩くことができるが、当時まだチェコへの入国にビザが必要だった日本人は、国境に沿った道を歩くようになっていた。

森を貫く真っ直ぐな道、その道に沿って立派な鉄道が伸びているのだが、列車が長い間、走った形跡がない。赤く錆びついている。東西ドイツ統一以前は走っていたのだろうか。

わたしたちは思い思いの速度で歩いた。前日の疲れを持ちこしているのか、遅れる人もいて、前後の間隔が長くなった。が、真っ直ぐな長い道ではみんなが見えた。

現地のウォーカーか、後ろからすごいスピードで迫ってきた。男性二人、女性一人に六、七歳の男の子と犬一匹があっという間に追い越していった。

気が付くと、さっきの犬連れの男性がこっちを向いて立っている。前の方を歩いていた仲間が近づくと、なにやら身振り手振りで話していたかと思ったら右の方に曲がって行った。

三叉路になっているその場所には指示標識はなかった。犬連れの男性は現地のスタッフだったのか、助かった。

地図をたよりに歩いていても迷うことはよくある。指示標識が迷いそうな地点に必ずあるとは限らないし、あっても見逃すこともある。地理に明るい地元の人や、大勢のウォーカーがいればついていくこともできるが、前後に人影がなくなってしまうと、迷ったのではないかと心細くなったこともあった。迷ったと気付いて引き返したこともあった。

犬連れの男性のお蔭で迷わずにすんだと胸を撫で下ろしたのも束の間、また二股が待っていた。数人で地図を睨み、あっちだこっちだと詮議していると、遅れていた東京の坂本さんと竹内さんが追い付いてきた。

「ここで迷っては大変。この川が国境だよ。向こう側はチェコだ」

国境と言われるにはあまりにも小さな川だ。

不安になっていたが、人数が増えて心強くなった。地図の上では左の道らしい。国境伝いに、小さな流に沿った小道を慎重に進んだ。

少し行ったところでコントロールポイントが見えた。「ああ、コントロールポイントがある」と叫んでしまった。そこでサービスされた飲み物は特別おいしいと感じた。そこからしばらくは、左右に岩山を見ながら平坦な一本道が続いた。

どんどん先に行った仲間、遅れる人。わたしと夫は、尾形夫妻と同じ速度で歩いた。田口さん、竹内さん、坂本さん、広島の藤田さんは少し後のようだった。

指示標識を見付けた。今まで歩いて来た道から小高い丘に上がるようにと指し示している。前方を斜めに丘に登っていく道もあったが、指示標識の矢印は斜めではなく左真上を指していた。素直に考えれば斜めに付いている登り道を歩くはずである。ところがその日はみんな神経質になっていたのか、丘の斜面を直登するのではないかと考えた人がいた。じつは、わたしも矢印を見たとき、そう直感したのだった。

「へえ、こんなところを登るの」

尾形夫人が尻込みしている。

「矢印がわざわざ真上を向けて付けてあるんだからなあ」

と、ミスター尾形。わたしも、登って登れないことはないと思っていた。そこへ銀髪の外国人ウォーカーが一人やってきて、自信ありげに、こっちだ、こっちだというように指差してどんどん直登していった。それならばと迷っていたわたしたちもその人に続いた。急な道なき道を進んだ。その上、叢の中の切り株や倒木、岩などが行く手を阻んだ。なのに、わたしは「面白い道を用意してくれたものだ」と、登りを楽しんでいた。夫は少し先を、時々振り返りながら黙々と登っている。

「ひゃー、こわい」

尾形夫人の悲鳴に銀髪男は戻ってきた。尾形夫人の手をひいてゆっくり登っている。下から見るとそれほどでもないと思えた斜面も、上に上がって見下ろすと、相当な傾斜だ。草の生えた崖と表現してもいいくらいだ。

「おーい、こっちだ、こっちだ」

と、ミスター尾形が後続の田口さんたちを呼んでいる。田口、坂本、竹内、藤田の四人は疑う様子もなく、わたしたちが登った斜面を登って来る。

「こりゃ、ひどい」

「先生、大丈夫ですか」

「はい、はい」

途中で、後続の四人を待って急斜面を登り切ったら水平な道が待っていた。おそらく斜めに登って回りこむとこの道に続いていたのだろう。

その間、時間にして一五分か二〇分。距離は三〇メートルはなかったのかもしれないが、とても長く感じた。

「ここで弁当にしますか」

道の際に一列に並んでお弁当になった。

「こんなひどいことってあるんですか」

と、尾形夫人はまだ興奮さめやらない様子。

「おまえは、ハンサムな外人さんに手を引いてもらって、嬉しそうに……」

みんな吹き出してしまった。

お弁当を食べている間も食べ終わってからもだれひとり急斜面を登ってくる人はいなかった。そのころになって、ようやく間違っていたのだと分かった。

午後は疲れ切ったみんなの速度がだんだんとおちたが、わたしはかえって調子がよかった。

夕食のときも、それから続いた旅の間、何度もこの時のことが話題にのぼっては苦笑いしたのだった。

最終日。

終日雨が降ったり止んだりのあいにくの天気だった。

雨具の中が蒸せて暑かった。が、木々や草、畑の菜の花や黒い土に芽生えたトウモロコシの若葉が、しっとり濡れて活き活きとしていた。

四つの村を巡りながら、牧草地や畑の真ん中を横切ったり、山道を歩いたりと変化に富んだコースだった。特に印象に残ったのは、一面の菜の花畑だった。見渡す限りの黄金色の丘は圧巻だった。背丈ほどもある菜の花の間の道を歩くと身も心も黄金色に染まるのではないかと思うほどだった。

閉会式で田口団長に日本からの参加に対して、感謝状が贈られた。田口さんからは、生まれたばかりの小さな町のウォーキングがとても楽しく印象深かったこと、日本から来たわたしたちに温かく細やかなおもてなしをしてくださった優子さん夫妻に感謝の気持ちが述べられた。

三日間の参加人数は述べ六〇〇人ほどだと聞いた。何万人ものウォーカーの押し寄せるオランダ・ナイメーヘンの大会などもそれはそれですばらしいが、小さ田舎町マリンベルクの会もまた町中のみんなの協力で作り上げられたきらりと光る大会だったといえよう。

マリンベルクを発つ朝、見送りにきてくださった町の人たちに、感謝の気持ちを込めてみんなで『さくら』を歌った。

「さくら、さくら……、……」

草原の上を友好の歌声が流れた。

ラルフさんをはじめウォークの世話をしてくださったマリンベルクの人々、教会でハモンドオルガンの演奏をしてくださった人、ホテルで毎日気持ちよく過ごさせてくださった人々、マイクロバスで、毎日送迎していただいたラルフさんの父上、一人ひとりと握手をして八時過ぎ大型バスに乗りこんだ。このバスで優子さんもいっしょに、次のウォーキングの開催地ルクセンブルグに向かった。

小さくなるマリンベルクの町を振り返り、機会があればまたいつか来たいと思っていた。

途中、ＳＬ列車に乗ったり、古い教会や博物館も見学した。閉山となっている銀山、フローナワー・ハマー博物館では、廃坑の中へトロッコに乗って入った。木のおもちゃの作り手たちが軒を並べているザイフェンという町にも寄った。兵隊さんの姿をしたくるみ割り人形の故郷である。おもちゃを作るようになったのは、銀鉱山閉鎖によって職を失った元鉱夫たちが、山にある木に目をつけて子どもにおもちゃを作ってやったのが始まりだったという。

木のおもちゃの村でわたしは東北のこけし作りのことを思った。

優子さんはわたしの長女と同じ一九五九年生まれである。彼女のご両親もまたわたしたちと同年配ということもあって、いっしょに歩きながら、食事をしながらよく話した。

ラルフさん以外にだれも知る人のいない、言葉も習慣も違うマリンベルクに来てからのことは、長女がその夫の留学についてドイツに渡り、ゲッチンゲンで暮らしたことと重なった。長女は一年余りで帰国したが、優子さんはマリンベルクに永住するらしい。その覚悟、不安、期待、夢、そして苦労など、若い優子さんの心の内を思うと愛しさを覚えた。

マリンベルクにはだれ一人日本語を話す人はいなかったという。幸い英語の教師をしていた彼女は、英語の話せる人をつかまえて一語いちご覚えていった。

「まず、英語で物の名前を訊き、ドイツ語でメモし、それをその物に張り付けていったわ。鏡、歯ブラシ、蛇口、洗面器、柱、天井、窓……。家じゅうがメモだらけになってしまったわ」

と苦笑いをしていたが、三か月で日常会話には困らなくなったというから驚きだ。

「今では大抵のことは話し合えるの」

「時々ご飯が食べたくなることもあるけど、こっちの食事もおいしいのよ」

それにしても、数日間だけだったが、そばで見ていて、彼女はずっとそこで生活してきた人のように地元の人たちにも馴染んでいた。そしてみんなに可愛がられ信頼されているようにわたしの目には映った。

「みんな、窓ガラスをぴかぴかに磨き上げているでしょう。あれだけはわたしにはどうしてもできないの」

とも言っていた。

「小坂さんご夫妻は、わたしの父や母と共通点がいっぱいで、父や母と話しているよう」

と、嬉しいことを言ってくれたのだった。

マリンベルクから帰ったその年の一一月、東松山へ里帰りして日本スリーデーマーチに参加している優子さんに逢い、少しの距離をいっしょに歩いた。その時彼女は、妊娠していることをわたしに告げた。

「小坂さんの娘さんもドイツで出産されたと聞いていたけど、不安はなかったのかな」

「最初のお産はどこであれみんな不安はあるものよ。あなたはドイツ語もよく話せるのだし。お医者さんを信頼して元気な赤ちゃんを産んでね」

彼女から、エヴァちゃん、日本名さとみちゃんという女の赤ちゃんが生まれたという報せをうけたのは、翌年の初夏のころだった。くるくると可愛い瞳のエヴァちゃんの写真も添えられていた。

これで優子さんもマリンベルクにしっかりと根を下ろされたのだと嬉しかった。

だが、一九九七年ニュージーランドのウォーキングに行ったとき、ラルフさんに会ったが優子さんの姿がない。どうしたのかと訊くと、彼女は病気で来られなかったのだという。詳しいことは分からなかったが、さして心配もしていなかった。ところがドイツ語の分かる仲間が彼女の病状を詳しく訊いてくれた。

第二子出産時、脳溢血を発病し、数日間意識不明のままだった。一命は取り留めたものの、半身の運動機能と言葉の欠陥が後遺症として残った。大柄なドイツ人の遺伝子をもった胎児が、小柄な彼女のお腹の中で、大きく育ち過ぎた結果、出産時に災をもたらしたのだという。そんなこともあるのかと初めて知ったのだった。大きく元気に産まれた赤ちゃんは、すくすくと大きくなっているという。納得はしたものの、わたしにはもしやという危惧があった。それは、優子夫妻が誘致に力を入れていたインターナショナルのドイツ大会の場所があのマリンベルクではなく、フルダに決まったということへのショックもあったのではなかったのかということだった。

わたしはひたすら彼女の回復を祈った。

翌年の夏、フルダでわたしは彼女と成長した二人の子どもたちに会った。ベビーカーを押す彼女の足元は覚束なかった。言葉ももうひとつはっきりしなかった。が、彼女はお産の前後のことを、ぽつりぽつりと話してくれた。

「病室で意識が戻ったとき、何がどうなっているのか状況が分からなかったの。自分の体がこうなったことを受け入れるまでに随分時間がかかったように思う。義父母や義妹、近隣の人たちに随分助けられたわ。今回もみんなに助けられてリハビリのつもりで出掛けたの」

そういえば、ラルフさんは勿論のこと、二、三人の女性が傍に付き添っていた。

「わたしの意識が戻ったときにはもう、下の子に日本の国籍を取ってやる期限が切れていたの」

とも。期限は二週間だそうだ。

遠くを見やって、不自由な口で一生懸命に心の内を語る優子さんが愛おしかった。わたしは掛ける言葉も見つからず、ただ彼女の肩を抱いて歩きながら「うん、うん」と頷くことだけで精いっぱいだった。

その二年後、東松山のスリーデーマーチで彼女に逢った。目に見えて回復していた。多少は足をひきずってはいるが、二〇キロは歩けるようになったという。嬉しかった。

菜の花のころになると、むしょうにマリンベルクへ行きたいと思う。

どんな苦難にも負けず、努力を惜しまない優子さんに逢いたいと思う。

## 歩けオリンピック　オランダ

一九九四年七月、第七八回オランダ国際フォーデーマーチに参加した。開催地はオランダの東部、ドイツ国境に近いナイメーヘンという人口一五万人の田園都市である。

一九〇九年、オランダ王立体育連盟の援助のもとに、ハーグで始まったフォーデーマーチは、一九二五年以降ナイメーヘンで行われるようになった。ヨーロッパはもとよりアジア、アメリカなど世界四〇か国、四万人もの参加者があるという。日本は一九七七年から参加している。

オランダのウォークは年齢、性別によって距離が決まっていて、歩いた距離が規定に満たないと完歩の認定は受けられない。一九歳から四九歳までの男性は五〇キロ、五四歳までの女性と五〇歳から六四歳までの男性は四〇キロ、六五歳以上の男性と五五歳以上の女性は三〇キロをそれぞれ四日間歩かねばならない。このような規則の厳しさは他の開催地には見られない。

規則の厳しさだけでなく、歴史の長さ、規模の大きさも世界一で、ナイメーヘンはウォーキングのメッカといわれている。日本からの参加者も他地域に比べ、群を抜いて多いと聞く。

わたしたちがオランダフォーデーマーチにごいっしょしたのは三四名。その中には一〇回以上参加した人が五人もいたのには驚いた。日本が初めて参加したときから一八回参加し続けている一人の女性もいらっしゃる。今は亡きわたしの父も一九七九年にナイメーヘンを歩いている。

ポルトガルのリスボンを二日間観光して、アムステルダムのスキポール空港へ飛び、バスで南東へ一時間二五分、ナイメーヘンのホテル・ヴァルモンテに入った。市街地から離れたホテルは森の中を貫く道路に面していた。

翌日午前中の自由時間に、数人でドイツ国境まで真っ直ぐに伸びる舗装道路を一時間ほど散歩した。今までに数度参加して、様子の分かっている山口の坂本幸二さんの先導だった。

国境には役目を終えた赤と白の遮断機が一本、跳ね上げられたままになっていた。かつては番人がいたであろうガラス張りの小さな建物も無人のままだった。

午後はバスでナイメーヘンの市街地に出掛けた。通りのカフェテラスは各国ウォーカーの交歓の場となっていた。わたしたちも、以前スイスやベルギー、ルクセンブルグなどで顔見知りになったオランダのご夫妻を見付け、抱き合って再会を喜んだ。同年配の彼らにはこの後も、ヨーロッパの各地、台湾や日本の大会で何度も会うことになる。

一八時からゴルファァット・スタジアムで行われる開会式に臨んだ。沢山の国の旗パレードに混じり、日本チームも青りんご色の揃いのユニホームで、日の丸を先頭に場内を一周した。スタンドを埋め尽くす観衆の大きな拍手と声援に手を振って応えながら、この地のウォーキングに対する熱い思いを体いっぱいに感じた。

フォーデーマーチ第一日目、ホテルからバスでスタート地点になっているヴェリーニギングのコンサートホール前まで行くと、もはや何百人もの人たちがスタートを待っていた。

コンピューターでスタートの登録を済ませて、七時三〇分歩き始めた。コンピューターでのスタートチェックを受けたのはこのときが初めてだった。

地図によると、この日は町の北方面を歩くことになっている。街はまだ目覚めていないようだったが、少し行くと賑やかな声が聞こえてきた。二階に突き出したバルコニーからオランダの大きな国旗を振りながら、声援を送る若い男性の一団がいて驚いた。が、それは序の口で、この後も行く先々で様々な声援を受けることになる。

片側三車線の車道は車がぴたりと止まり、ウォーカーが道いっぱいになって歩いている。信号はといえば、ウォーカーの行く方向は常に緑になっていた。

この後四日間、一二〇キロを歩いた全ての道がそうであった。

ちょうど高速道路と交差した下の道を、ドライバーにとってはさぞ不満だろうと話しながら歩いていたときだった。高速道路を走る車がクラクションを高らかに鳴らし、窓から頑張れよとでもいうように手を振って走り過ぎていった。

冬の間太陽の光の少ない北ヨーロッパの人たちは、夏になると肌を出して体いっぱいに光を浴びる習慣があると聞いていたとおり、袖なしのシャツにショートパンツ姿が多い。肌寒いのではないかと思うが、平気な顔で小さなザックを掛けている人、ウェストポーチを腰に巻きつけている人、何も持たない手ぶらの人など色々である。我々日本人は長袖長ズボンに帽子をきっちり被って、雨具やお弁当などの入ったザックを肩にかけている。重装備だ。大抵の者はカメラも持っていた。

運河に架かる長い橋を渡り、河川敷に整備された遊歩道を緩やかな運河の流れに沿って下った。ときおり運搬船がゆったりと水面を滑るように行き来していた。

草花の咲き誇る郊外の住宅地や緑の光が燦々と降り注ぐ並木道を行くところには汗がにじんできた。ベメールという町の入口に、第一のコントロールポイントがあった。ここで思いがけずオランダのベルクールさんに逢った。オランダ人にしては小柄なベルクールさんにも、ヨーロッパのあちこちのウォーキングや日本の東松山で何度も会っていた。白髪のベルクールさんは坂本幸二さんと手を取り肩を叩いて嬉しそうに話していた。お二人とも八〇歳前の世界的なウォーカーであると聞いている。

わたしたちは幸二さんとベルクールさんと次のコントロールポイントまでいっしょに歩いた。オランダ語の話せないわたしたちと日本語の話せないベルクールさんだったが、いつもにこにこしながら、マイペースで歩かれるのについて歩くのは楽だった。彼は毎年一一月には東松山にきて、丸茂さんという日本ウォーキング協会の重鎮のおうちに逗留して、日本スリーデーを歩いていらっしゃると聞いている。

スタートして二時間半ほどで、エルストという小さな町に入った。平素は静かな町なのだろうがこの日は違っていた。家の前庭の木陰にテーブルや椅子を出して、お茶やお菓子を食べながら声援を送るお年寄りや若い家族がいた。町はずれの道路べりに車椅子を並べて手を振るお年寄りの一団は、その近所の施設に入所している方たちだという。みんなとてもお洒落で明るい笑顔で声援を送ってくれた。歩かない人もいっしょにウォーキングを楽しんでいるのだった。

エルスト市庁舎はコントロールポイントと休憩所になっていた。庁舎の一室に入ると、日本歩け歩け協会（現日本ウォーキング協会）の金子会長が迎えてくださった。傍ではこの町の子どもたちが折り紙をしていた。以前、先輩ウォーカーの誰かが折り紙をもってきて教えたのだろう。わたしも子どもの隣に座って鶴とだまし船を折った。

エルストを過ぎると田園地帯になった。黄色く色づいた麦畑がひろがり、小さな木立の中に大きな農家が点在していた。

道をはずれた川原で数人の仲間とお弁当にした。鏡のような水面には白鳥が四、五羽。周りにはマーガレットのような白い花が咲き乱れ、イヌタデが赤いつぶつぶの実を付けていた。

午後になって気温があがった。みんな上に着ていたジャケットを脱いで半袖になった。それでも暑かった。なんども来ている幸二さんは、

「年々暑うなっとるみたいじゃ」

という。

三〇キロはやっぱり長かったが、道々の美しい景色と人々の温かい声援に、疲れを忘れて歩くことができた。

マイペースのウォーキングをしてきたわたしたちは、何が何でも長距離を歩こうという気はなかった。速く歩こうとも思わなかった。行く先々の自然の中に何かを見付け、人々との出会いを大切にし、楽しく歩いて、ちょっぴり頑張って達成感が味わえれば最高だと思っていた。それは二〇キロか二五キロ止まりだった。ところがオランダでは、男子は六四歳までは四〇キロを歩かねばならない。わたしは三五キロぐらいは歩いたことがあるが、夫について四〇キロ歩く自信はなかった。夫はわたしがいっしょに歩けるようになる六五歳を待ってくれた。その前年、わたしたちは日本スリーデーマーチで三〇キロを歩いてオランダに備えていた。

運河に架かる鉄橋の向こうに教会の塔が見え、ナイメーヘンの町が近付いた。どの家も庭に椅子やテーブルを持ち出し、水や飴をサービスしてくれた。ホースで頭から水を浴びせる市民、またそれを喜んでいるウォーカーもいた。

いよいよゴールが近付くと、バンドが賑やかに行進曲を演奏し、周りに集まった人々が拍手と歓声で迎えてくれた。

第二日目は市街地の西から時計回りのコースだ。

七時三〇分スタート。この日は住宅街の中の道を行くことが多かった。並木に朝の柔らかい光が射し、道いっぱいに広がったウォーカーの足取りは軽く、後からあとから続いた。

二時間半近く歩いたほぼ中間点の町に入ったところで、夫が飲み物を買っている間に仲間と逸れてしまった。コントロールポイントがあるはずなのに、ウォーカーと観衆でごった返してなかなか見つからない。うろうろしていると、わがウォーキングリーダーの岡部さんと坂本幸二さんが道路脇に身を乗り出して待っていてくれた。おかげでチェックを受けることができた。

踏切を黄色い電車が通過した。列車の窓という窓から乗客が手を振っていた。

踏切を過ぎて少し行くと、日の丸が木々の間ではためいていた。タッケンさんの家だった。

「いつもここで、弁当を食べさせてもらうんじゃ」

と、幸二さんに誘われてタッケンさんのお庭で、お弁当を食べさせてもらった。

日本チームが初めてオランダのウォークに参加した年のこと、四〇キロコースの人たちがお弁当にしようとしたら、急に雨が降ってきた。その近くの一軒に雨宿りを請うと、快く受け入れ、場所を提供された上に、お茶やお菓子などで歓待して下さった。それがタッケンさん宅だった。

翌年、日本人形や日本の絵ハガキなどを持ってお礼に行ってから、今日までずっと交流が続いているのだという。

この日も庭にテーブルと椅子を出し、飲み物を用意して待っていてくださった。何度もナイメーヘンを訪れているという先輩たちは、小さな手土産を用意して、タッケンさんファミリーに逢うのを楽しみにしていた。

「トイレも借りていったらええよ」

幸二さんはすっかり慣れた様子で家の中へ連れていってくれた。豪邸というのではないが、きれいにお掃除された広いお部屋を垣間見て、オランダ人は衣食住の中で住をいちばん大切にする国民だと聞いていたが、なるほどと納得したのだった。

ゴールの後、ユリアナ公園で迎えのバスを待つ間、公園内に立つ『日蘭ウォーカー友好の碑』へ幸二さんが案内してくれた。

幅一メートル、高さ七五センチほどの御影石の真ん中をU字型に彫り込み、その両側にオランダと日本の国旗がはめ込まれていた。裏面の銅板には、この碑の建立に協力、寄付した日本人先輩ウォーカー一五五名の氏名が記され、平成元年一月一七日建立とあった。

日本にウォーキングの運動が根付き始めたころ、歴史のあるオランダに学べと、オランダの歩けオリンピックに参加された方々が、その熱い思いと、日本とオランダのウォーカーの友好と親善と感謝を永久に残そうとされたのだ。

知っている人々の名前がたくさんあった。今回ごいっしょしている方も何人かいらっしゃる。もちろん「坂本幸二」もあった。そして、もう病んで歩けなくなったわたしの父の名も見付けることができた。わたしたちは幸二さんを真ん中に写真を撮って、父への土産にした。

三日目というのがいちばん疲労を感じる日だ。そんなウォーカーを励ますような思いがけない音楽やパフォーマンスに方々で出会った。

トウモロコシ畑の続く道端で、エレキギターを弾きながら歌う長身の男。トラックの荷台をにわか舞台に、ギターやドラムに合わせて踊りながらタンバリンを鳴らすグループ。アコーディオンで陽気にマーチを奏でる人。軽快な音楽につられて歩いてしまう。

と、突然、森の中から白装束の魔法使いが箒を持って現れた。「ええっ」一歩引いてしまいながらも笑ってしまう。色んな仮装をした人やグループにもあちこちで出会った。疲れている暇などないほどだった。

他コースと合流するT字路で、五〇キロコースを歩いている甲斐根さんに会った。スピードを緩めることもなく、でもわたしたちの姿にいい笑顔を残して風のように通り過ぎていった。若い彼は日本人初のインターナショナル・マスターウォーカーである。

大きな風車のある広場でお弁当を食べた。日本人の三〇キロコースのほとんどの人と四〇キロコースの人も何人かいた。もしかしたら毎年ここがこのコースの昼食場になっていたのかもしれない。

午後は丘越えがあった。平らな国土と思っていただけに意外だった。

見渡すかぎりのグラジオラス畑や木々の美しい森など、緑の多いコースでもあった。

ゴールは一四時二〇分。休憩や昼食時間を除くと、六時間足らずで三〇キロを歩いたことになる。

わたしたちにしては上出来だといえようか。

最終日。前日と同じ広い道路を南に四、五キロ下ったあたりから南西方向に回って、中心街に戻ってくるコースだ。だがこの日は、ゴール前六キロ地点に集合してパレードをすることになっている。

これまで三日間歩いたペースでいくと、じゅうぶん間に合うはずだが、途中で何かあったら、仲間に迷惑を掛けるかもしれないと、二〇分スタートを早めた。

歩き始めは、昨日も一昨日も同じ道なのに、光の加減がちがうからか、歩く人たちが違うからか、初めての道を歩いているような感覚になる。昨日も暑かったが、今日は風もなくいっそう蒸し暑い。なのに、最終日ということもあってか、仲間たちはにこやかに足取りも軽い。

運河に架かる橋を渡って郊外に出ると、広い緑の牧場にまるまると肥った羊が放牧されている。道端に箱を並べてスイカを売っている。スイカ好きのわたしの目は一瞬点となり、脚は止まった。が、夫は見向きもしないでとっとと過ぎていってしまった。買うこともできず、でもやっぱり欲しかった。わたしのそんな素振りが分かったのか、後ろから、

「小坂さーん、スイカ、スイカ」

振り返ると、東松山市の四人組の紅一点、照子さんが両手に赤いスイカを持って小走りに近づいてきているではないか。四人ともみんなスイカを手に子どものように嬉しそうにしている。

「ええっ、いただいてもいいの」

というわたしの目は喜んでいたのだろう。

「どうぞ、ぞうぞ」

年長の長谷川さんも夫に一切れくださった。代金を払うというわたし。とんでもないとスイカにかぶりつく四人。わたしたちはスイカを食べながら歩いた。小ぶりで甘さもうひとつだったが、炎天下の水分補給には最高だった。

再び運河を渡り返すと、南北に走る広い道路に戻った。ここで五〇、四〇キロコースと合流すると、ウォーカーの数が膨れ上がった。沿道の人たちも増えた。

ウォーカーのために解放されたレストランで、持ってきたおにぎりを食べさせてもらうことにした。色んな言葉が乱れとび、とても賑やかだった。

後から後から食事に来る人たちが席の空くのを待っている。わたしはおにぎりを急いで詰め込み、食後の休憩もしないままレストランを出た。

広い道路いっぱいに、色とりどりのウェアやザックのウォーカーがひきもきらず押し寄せてきていた。もう、このころになると、道路は車のものではなく、ウォーカーのものだと言われてもそんなに違和感がなくなっていた。

「WELKOM　IN　MALDEN」と書かれた大きなゲートが作られている。マルデンという町に入ったらしい。ゲートの両側の支柱にはグラジオラスがふんだんに飾られ、一〇か国語で歓迎という言葉が掲げられていた。もちろん「歓迎」と書かれた漢字もあった。

わたしがゲートを写している間に仲間たちは先に行ってしまい、夫とふたりっきりになってしまった。人の波はますます膨れ上がり、あの青りんご色のユニホームを見失ってしまった。もう隊列を組んでパレードを始めているグループもある。日本チームの集合場所はどこだろう。これほどの混雑の中で見付けるのは至難の業だ。不安になってきた。言われていた集合時刻にはじゅうぶん時間はあるのだが……。わたしたちよりも後からくる仲間もいるはずだから、待っていればいいのに、人の流れに流されてどんどん前へ進んでしまう。迷い子になった幼児のようだ。

流されているうちにずっと遠くに日の丸が見えた。とりあえずそこまで辿り着けば何とかなるだろうと、必死で進んだ。

だんだん近づくと、旗を振っているのは新潟の酒井さんだと分かった。彼もまた、何度もナイメーヘンを歩いているベテランウォーカーだ。道の端から脚を一歩出すようなかっこうで「日本チームはここだ、ここだ」とゆっくり旗を振っていた。迷い子が母親を見つけた時のように酒井さんに駆け寄った。それまでに酒井さんとは何回か外国のウォークをごいっしょしていた。

「その先の交差点を左に入った所でみんな待っているから」

大通りの人の流れをはずれて脇の通りに入ると見覚えのあるブルーのバスが止まっていて、その周りに一〇人ほどの仲間が腰を下ろして休んでいた。

「お疲れさーん」

缶ビールを持っている手を高く掲げて労ってくれる。だが、ここがゴールではない。まだ六キロも先だ。わたしたちも腰を下ろして休んだ。

三々五々仲間たちが戻ってきた。

小一時間ほど待っただろうか。ザックなどバスに預けて、代わりに法被と豆絞りの手拭と団扇を渡された。青地の法被の背中いっぱいに赤色で「祭」と、左の襟に「歩けオリンピック日本チーム」右の襟に「ＨＡＰＰＹ　ＷＡＬＫＥＲ」と白く染め抜かれていた。このＨＡＰＰＹ　ＷＡＬＫＥＲパレードは、日本が参加し始めた早いころから行われているらしい。一九七九年に参加して帰った父の荷物の中にも青い法被があったような気がする。

一四時四〇分、日本チームのパレードはスタートした。先頭に日の丸、次に紫紺の協会旗。男性二人の旗手の後に女性、男性の順に二列になって続いた。

沿道には切れ目ない観客の列。その観客の中から飛び出した女性が抱え持っていたグラジオラスを一本、前列の吉村さんにひょいと渡した。何度もナイメーヘンに来ている吉村さんだから、きっとお知り合いだろうと思っていると、こんどは、女の子がわたしをめがけて突進してきて、真っ赤のグラジオラスを一本差し出した。わたしは「ダンクゥー」と言うのが精一杯だった。

それから、隣の三原さんも後ろの人たちみんなに、あちこちから列に走り寄って赤いグラジオラスを手渡していった。初めは緊張していたわたしもだんだん周りの雰囲気に溶け込んで、手を振ったり、もらったグラジオラスを高く掲げて歩いた。

と、突然若い男性がわたしをめがけてつかつかと歩み寄り、セロファン紙にくるんだ赤や黄や白などとりどりの花束を渡した。「えっ、なに、なんで」とうろたえているわたしの頬にキッスして、なにか一言残していった。なんだか恥ずかしいような、でもやっぱり嬉しかった。

各国それぞれ志向をこらしてパレードに参加しているらしいが、わたしが窺い知ることができたのは、せいぜい前後の二、三のグループだけだった。白いシャツに茶色のネクタイを締め、茶色のズボンと帽子の鼓笛隊、トップの丸く深いクラシックな帽子に同色の紺の軍服を着たどこかの国の兵隊さんの列も、赤いグラジオラスを手にてに抱えるようにして歩いていた。団体ばかりではない。個人や家族、数人の友達同士でもパレードに加わっていた。オランダの木靴を履いた年配の男性、幼児をベビーカーに乗せた若いお母さん、子どもを肩車したお父さん。これに負けないほどの仮装をして、熱狂的な歓迎をする観衆は二重にも三重にもなっていた。

ゴールが近くなってくると、仮設の雛壇を埋め尽くす人、人……。拍手と歓声は何キロも続いた。国籍も人種も宗教も性別も年齢も何の区別もなく、歩く人も歩かない人も、これほどの人がひとつになって歓喜するさまを、これまで見たことがあったろうか。

争うことも競うこともないウォーキングに夢中になれること、多くの人々と完歩を讃え合う幸せを心に刻んだナイメーヘンだった。つくづく平和っていいなあと思った。

夫とわたしはここナイメーヘンで、インターナショナル・マーチングリーグの八つの大会全部を完歩した者に贈られるマスターウォーカーの称号を受けることができた。

# わたしの桜・アメリカバンクーバー　ディスカバリーウォーク

国外のウォークといえばヨーロッパが多かったわたしたちが「アメリカ・バンクーバー・ディスカバリー・ウォーク」を歩いたのは一九九九年のことである。

「小坂さん、アメリカを歩きに行きましょう」

「えっ、アメリカですか」

歩け歩け協会（現ウォーキング協会）江橋慎四郎会長から何度もお誘いがあった。だが即座には心が動かなかった。

江橋会長とは一九九二年、わたしたちの初めての国外ウォークのときお目にかかって以来、よくお声を掛けていただいた。

九九年一月か二月かの機関紙『あるけあるけ』に「アメリカ西部開拓の歴史の町バンクーバーを歩こう。アメリカの大自然の中にあなただけのアメリカを発見（ディスカバリー）してはいかがですか」という記事が載った。

ふうん、あなただけのアメリカを発見しては……か。わたしだけのどんなアメリカが発見できるだろうか。

「ねえ、アメリカを歩きに行ってみない」

「うん」

夫の返事ももう一つ冴えなかった。

歩け歩け協会の機関誌『あるけあるけ』を読んだ夫が、

「こりゃあ、カナダのヴィクトリアのウォーキングとくっついとる。ええなぁ」

夫は、アメリカ・バンクーバーよりもカナダ・ヴィクトリアに魅かれたらしい。

こうして、一九九九年四月「カナダ・ヴィクトリア・ブロッサム・ウォーク」と「アメリカ・バンクーバー・ディスカバリー・ウォーク」に参加することになった。どちらも国際大会になって三年目の若いウォークの大会だった。

「カナダ・ヴィクトリア・ブロッサム・ウォーク」は、カナダのバンクーバー島のヴィクトリア市で行われた。イギリス風の港町は一歩郊外に踏み出すと、いっぱいの花と緑、広い海の見える美しい町だった。お天気にも恵まれ気持ちのいいウォーキングだった。港を望むホテルも最高だった。蟹や海老など海の幸にも堪能した。

「カナダ・ヴィクトリア・ブロッサム・ウォーク」を終えた翌日から三泊四日でカナディアン・ロッ

キーとナイアガラの滝を観光した。駆け足の観光は消化不足に終わった。

再び空路トロントからカナダのバンクーバー空港経由でポートランド空港へ降りた。「アメリカ・バンクーバー・ディスカバリー・ウォーク」の開催地はアメリカ合衆国北西部、コロンビア河畔の小都市バンクーバー市である。

地図を開くと、この辺りにはやたらとバンクーバーという地名が目に付く。成田から飛んで降りたのが北アメリカ大陸の西海岸にあるバンクーバー空港。その目と鼻の先にある島がバンクーバー島。どちらもカナダ領内である。そしてウォークの行われるバンクーバーは、カナダとは接してはいるが、こちらはアメリカ合衆国ワシントン州バンクーバー市である。

空港からバスで二〇分、コロンビア川に架かる橋を渡ってすぐのところにあるダブル・ツリー・ホテルに着いた。

河に沿って建てられた長い木造二階建の年季の入ったホテルだった。いつごろの建物だろうか。ロビーやダイニングは、どこか西部劇のセットを彷彿とさせる。が、一階のわたしたちの部屋の内装はがらっと変わって、壁も天井もドアも真っ白で、大きな花柄のベッドスプレットとローズ色のソファーが置かれて、今風になっていた。広い窓の外にはコロンビア川がゆったりと流れている。

時折サイレンが聞こえた。すると、橋に通ずる道路の車が橋の入口でぴたりと止まる。やがて橋の一部が跳ね上げられ、河を貨物船が上り下りするのである。船の運航は一五分か二〇分で終わり、また車の走る橋へ戻るのである。わたしは子どものように面白がって、滞在中サイレンの鳴るのを待っては、跳ね橋と、船の上り下りを興味深く眺めているのだった。

ウォーキング第一日目、雲ひとつない天気だ。

ホテルでもらったランチボックスは帰ってから食べることにして、置いたまま部屋を出た。ホテルの西の外れの建物前がスタート地点になっていた。

四二キロコース、三二キロコース、二一キロコースの三コースが用意されていた。わたしたちはいちばん短い二一キロコースにエントリーしていた。このコースは八時から一〇時の間にスタートして一六時までにゴールすればいいことになっている。

ちょうど八時にスタート地点に行った。一〇人余りのウォーカーがこれからスタートしようとしている。だが、その中に日本人の姿は見えない。

「もう、みんな出発したんだろうか」

「まだでしょう。だって今ちょうど八時なのよ」

「のんびり歩こう。そのうち誰かが追い付いて来るだろう」

夫と二人だけでスタートした。

オレンジ色のチェックカードに00365と消えかかったスタートナンバーが押された。もはや三六五人がスタートしたというのか。いやいや、早くにスタートした長距離を歩く人たちの数が入っているのか。

この日のために掲げられた標識は、歩き始めてすぐに目に付いた。わたしと夫は二一キロコースのオレンジ色の矢印を確認して歩きだした。

エスターショートパークという小さな公園を斜めに横切った。木々の間から見え隠れしていた教会の尖塔や民家の立つ静かな町に出た。両側に歩道のついた真っ直ぐな舗装道路をしばらく歩いた。地図を開いてみるとコロンビア通りを北へ向かっている。車はたまにしか通らない。

庭に囲まれた民家はこざっぱりとした平屋か二階建てで、高層建築物は見えない。赤いハナミズキが満開だ。大木のマロニエの葉陰に白い花が咲き始めている。

ビクトリアでもたくさんの花を楽しんだが、ここバンクーバーもまさに花時だ。

「あれは、桜じゃないか」

「うん、そうかなぁ」

半信半疑だった。夫をおいて、わたしは歩幅を広げてその花の方へ近づいた。夫の言った通り桜だった。

小さな教会の脇に枝を広げて咲いていたのは、わたしが幼い日、祖母といっしょに見た八重桜と同じ花姿だった。どうしてここにこの八重桜があるのだろう。

幾重にも重なる薄紅色の花びらは、中にいくほどに密で濃い。赤ちゃんの握りこぶしほどの花がいくつも集まって、ボタンの花のようだ。

胸の高鳴りを抑えて、花を見上げていると、涙で花がうるんだ。色んな思いが全身を駈け巡った。

「小坂さん、どうされたんですか」

涙を拭きながら振り向いた。添乗員の神谷さんだった。

「アメリカにも八重桜が咲くんですね」

若い彼は、アメリカに八重桜が咲いて何が不思議なのか。それを見てなんで泣くんだと怪訝な顔をしていた。が、多少は気になったのか、動こうとしないわたしのそばで何も言わずじっと立ったままだった。あまり待たしても悪いので、ゆっくり歩き始めると、彼もゆっくり歩調を合わせてくれた。

わたしは彼に涙のわけを話してみようと思った。

幼かったころ、家の庭に咲いた八重桜に五五年ぶりに逢ったことを歩きながら話した。

娘を持つことのなかった祖母は、初孫のわたしの誕生がことのほか嬉しく、丈夫に育つようにと願って八重桜を植えた。玄関前に植えられた苗木は、わたしが物心つくころには大人の背丈ほどにのびて、花をつけるようになった。近くの公園や水源地のソメイヨシノが散って、賑やかなお花見客がとだえるころ、ようやく我が家の八重桜の固い蕾は動きだし、その先に紅をさした。暖かい日が二、三日続くと花びらは一気にほどけた。

国民学校初等科低学年のころ学校から帰ると、八重桜の木の下に茣蓙が敷かれ、祖母はお花見弁当を作って待っていた。重箱の蓋を開けると巻きずしとゆで卵の上に、うららかな春の陽が花影を落とした。当時、我が家では巻きずしや卵料理は遠足やお花見など、行楽の折に作るご馳走弁当だった。勤めに出ている父や母の留守、祖母と幼子たちだけのお花見に、妹も弟も燥いだ。

一九四五年春まだ浅いころである。父と祖母が言い争っている。いつも優しい祖母が父に楯突いているのを見たのは初めてのことだ。

「桜を伐ってまで掘らんでも」

祖母は桜を伐ることにはどうしても承知できない様子だ。

「他にどこがあるいうんじゃ。玄関に近いところがいちばんええ」

戦局はいよいよ緊迫し、本土決戦も免れない状況になっていた。三月には東京空襲があり、地方の都市という都市が次々に標的にされた。岡山でも頻繁に警報のサイレンが鳴るようになった。各戸に防空壕を掘るようにという回覧板が回った。わたしの通う国民学校でも、運動場のぐるりに十数個の穴が掘られた。

父と祖母の話はいつどこで決着がついたのか知らない。が、結局は父のいう通りになった。

この年、枝を伸ばした八重桜は、枝という枝にくす玉のような見事な花をつけた。四年生になっていたわたしの背中を抱いて祖母は桜を見上げ、声をつまらせた。

「このさくらは、妙子の誕生記念におばあちゃんが植えた記念樹なんだよ。よく見ておくんだよ」

散り始めた花びらが、祖母のひっつめに結った銀髪に落ちた。その夜、桜は春の嵐に打たれ、無残に散ってしまった。

花が終わると、父は、大地に張りかけた根っこを掘り起こし、何日もかかって穴を掘った。長方形の穴が背丈ほどの深さになった。穴の上に古畳を渡してその上を土で覆った。

これほどまでにして造った防空壕も、六月二九日の岡山大空襲のときには役にたたなかった。

父は家族九人が入れることを考えて掘ったはずだったが、一週間ほど前、離れに疎開してきていた親戚二人が入りきらなかった。それに、家が燃えだしたら、危ないほど近くでもあった。けっきょく全員近くの橋の下に逃げ込んで恐怖の数時間を過ごしたのだった。

わたしの通っていた御野国民学校は全焼してしまった。が、我が家は幸い家も家族も無事だった。

戦争が終わって防空壕は埋められたが、わたしの八重桜はもう戻ってこなかった。祖母はその場所に柿の木を植えた。

「撃ちてし止まむ」「鬼畜英米」などその言葉の意味すら理解できない、八、九歳のころただただお腹を満たしてくれるものが欲しかった。そんな孫たちをそばでずっと見ていた祖母ならではの知恵だったのだろう。

何年かして、柿は実を付けるようになった。じゅうぶん熟しきらないうちから妹や弟と先を争うようにもいで食べた。一年おきに当たり年とそうでない年が繰り返しやってはきたが、祖母が逝っても柿は四〇年も五〇年も実を付け続けている。

わたしは祖母が八重桜を植えた歳も柿を植えた歳もとっくに超えた。そして、三人の孫を持つ身となった今、初孫のために植えた桜を伐らねばなかった祖母の胸の内を、いくらかでもはかり知ることができるようになった。

五五年もの時を経て、その八重桜に思いがけず巡り逢ったのだ。それも、あの空襲の夜、焼夷弾の雨を降らせたかつての敵国の地で。

戦争を知らない神谷さんはわたしの歩速に合わせて、うなづきながら聞いてくれた。

「いいお話を聞かせていただきました。ぼく少し急ぎますから」

「どうぞ。わたしはマイペースで歩きます」

町の所々で何本もの満開の桜が春の陽を受けて濃い影をつくっていた。ただ「ビューティフル」「ワンダフル」とだけ言うわたしに返ってくる理解できない早口英語も、その笑顔といっしょになれば通じ合っているような気持ちになれるのは嬉しかった。

八重桜にはいくつもの種類があるという。それをじゅうぶん承知の上で、バンクーバーの八重桜は、伐られたわたしのサクラの分身と勝手に思いたかった。

もともとこの地に自生していたのか、いつかだれかが日本から持ってきたものなのか。どんな経緯があったのだろう。

一九一二年、尾崎行雄東京市長が親善の使者としてアメリカへ桜を贈った話は有名だが、あれはソメイヨシノだと聞いている。ワシントンのポトマック河畔の桜並木をテレビで見たことがある。その桜の返礼としてアメリカ国民に愛されたハナミズキが贈られたという話は何度も耳にしている。だが、そんな友好の時代は長くは続かなかった。そしてあの戦争。

忌まわしい関係を越えて数十年。我がもの顔で日本の街路樹になっているハナミズキと同じように、何の違和感もなくバンクーバーの地にしっかりと根を下ろしている八重桜。桜とハナミズキはいっしょに春を謳歌し、わたしもまたアメリカの人々といっしょにウォーキングを楽しんでいる。

「平和っていいなぁ。もう最高」と叫びたい気持ちで、しばらく北へ向かって歩いた。

矢印にしたがって右へ曲がるとすぐ、チェックポイントがあった。夫が手帳にメモをとりながらわたしを待っていてくれた。

「神谷君が追っかけてきて『奥さん後から来てますよ』と教えてくれたんで……日本の仲間も何人か通り過ぎていったよ」

なかなか人の名前を覚えようとしない夫に、誰がと訊いても「だれだったかなぁ」と涼しい顔。

「じゃ、わたしたちより後からスタートした人もたくさんいたのね」

わたしは八重桜にばかり気を取られて仲間が目に入らなかったようだ。

車道をはずれて「DISCOVERY／TRAIR」の標識に立つ地域に入った。針葉樹の緑に、白やうす桃色の花をつけた木が点々とある。近づいて見るとリンゴやスモモに似た花だ。全枝に白っぽい小花をびっしり付けたブラシのような見たこともない花木もある。足元の草の間にも青い可憐な花が顔をもたげている。

近づいたり遠ざかったり、花の形や付き具合を観察したり匂を嗅いでみたり、なかなか進めない。

「小坂さん、なかなかいいところでしょう」

「春爛漫、いいですね。町の中の八重桜は特によかったです」

例によって脚の長い江橋会長は一言声を掛けて、すたすたと過ぎてしまった。

ほとんど高低差を感じさせない地形だが、多少の登り降りとくねくねした土の道がしばらく続く。今を盛りと黄色の花をつけたエニシダが群生しているかと思えば、昨秋実を付けたワレモコウがドライフラワーのようになって突っ立っている。枯草のあいだから「?」の頭を覗かせたワラビが並んでいたりして、一瞬ここが外国だということを忘れてしまいそうになる。

森に囲まれた小高い丘に、ウッドデッキがついた同じ色形の可愛い建物が一〇棟ほど並んでいる。その中の一軒で、上半身裸の男性が椅子に座って、日光浴をしながら読書をしている。そのそばで、よちよち歩きの男の子が、こちらもパンツ一枚でうろうろと歩きまわっている。

「あれは、セカンドハウスだよ」と、金髪のウォーカーが教えてくれた。

町がちかくなるとガレージセールをしている。無造作に並べられたインテリア小物やお皿やカップ、工具や玩具、ハンガーにかかった色褪せた特大サイズの衣類、スチール製の椅子、電気器具などもあった。売り手も買い手も真剣味はなく、みんなで集まって楽しんでいるように見えた。

若者たちは芝生広場でサッカーの試合をしていたり、整備された広いローラースケート場でローラーボードに興じていたり、この町の人々がそれぞれに休日を過ごしている様を垣間見ることができた。

一二時二五分、フィニッシュ。

さて、お昼ご飯をと部屋に戻ってみると、まだ部屋の掃除中だった。しかたなく、このウォークのために主催者が借りているホテルの一室でしばらく休憩することにした。すでにゴールした人たちがビールやジュースを飲みながら休んでいた。夫は売店でビールを買ってきた。山口からの矢島さんのテーブルが空いていたので座らせてもらった。彼の部屋もまだ掃除中だそうだ。

「早かったんですね」

「みなさん、まだのようですよ」

矢島さんとも何度かごいっしょしたことがある。口数の少ない彼はたいてい一人でもくもくと歩いていられる。

「歩いた後の一杯は格別ですねぇ」

というが、飲めないわたしには分からない。水分補給にと水やジュースは努めて飲むが、あまりおいしいと思うことはない。やっぱり岡山の水がいちばんだ。

部屋を覗きにいったら、掃除が済んだところだった。部屋に戻って、朝置いて行った昼食を食べた。サンドイッチとリンゴがおいしかった。

別に買う物もないが、仲間に誘われて、橋を渡って河向こうのショッピングモールへ歩いていった。広い店内は日本のその種の大型店に比べ、品物が少なくがらんとしていた。別に買いたいものもなく、ペットボトルの水を一本買って、また長い橋を渡って帰った。

ウォーキング第二日目。六時起床。夫はもう起きていた。

「今日は天気、あんまりよくなさそうだ」

「じゃあ、雨具を持っていかなきゃ」

八時三分前にスタート。まだ雨は落ちていなかった。

第一のチェックポイントに着いたのは八時二五分。そこではもう雨具を着ている人もいた。それから五分と経たないうちに、雨粒がぽつりぽつりと顔に当たりだした。わたしたちは折り畳み傘を広げた。

コースは単調で、途中これといって見るものもなく、ひたすら北西に向かって歩き、湖水公園を折り返して同じ道を帰ってくることになっている。

後ろから゠がほさんと雅子さんが来ているのが見えた。わたしは二人が来るのを待った。

「雨、いやですねぇ」

「雨もまた自然とはいうものの……」

゠がほさんは一九九二年ベルギーとスイスのウォークでご一緒してからの歩友の一人であり、同い年ということもあって、いちばん親しい歩友だと勝手に思っている。デンマークもアイルランドもオーストリアもチェコもノルウェーもニュージーランドもオーストラリアも彼女に誘われなかったら行っていなかったかも知れない。国内のウォークも何度もいっしょだった。

彼女は健脚で速い。なかなかついて歩けない。以前は三〇キロ以上、時には五〇キロも歩いていた。が、初心者を誘ってきたときはわたしたちと同じコースを歩くこともあった。

木々の間に湖面が見えだした。バンクーバー・レーク・パークだ。公園の緑が雨に洗われていた。一段と雨脚が強くなった。地面を川のように水が流れた。足元が気になって、辺りの景色を楽しむ余裕もない。

やっと、折り返し地点だ。傘の下でチェックカードにスタンプを押してもらって、引き返した。天気さえよければ、湖を眺め、ゆっくり休息するところだったのに残念だった。

ゑがほさんと雅子さん、夫とわたしの四人は前になり後になって、元来た道をひたすら歩いた。折り返しのコースなので、先の人にも後から来る人にもみんなに会えた。参加者がさほど多くないことも分かった。

一六時からの閉会式で、一九九二年ベルギーとスイスで初めて国外のウォークに参加したときの同級生の竹内さんが世界の二一大会を完歩した人に贈られる月桂樹付金メダルを受賞された。夫は同年生まれの彼の受賞をとても喜んで、何度も乾杯していた。

二年後、夫とわたしもドイツのフルダで同じメダルを受けた。

## 最後のウォーク　フィンランド　バーサ国際スリーデーマーチ

今年もフィンランドから国際郵便が届いた。八月に開催されるフィンランド・バーサ国際スリーデーマーチの案内である。わたしたちがフィンランドのウォークに参加したのは二〇〇二年のこと。翌年からもう四通も届いているが、それっきりフィンランドには行っていない。

一九九二年から一一年間通い続けた海外のウォークはフィンランドが最後になった。そればかりか、夫と二人で一四年間歩き続けた国内のウォーキングにも、二〇〇三年地元「瀬戸内倉敷ツーデーマーチ」と、「蒜山ツーデーマーチ」を最後にわたしたちのウォーキングライフは終わった。

ヨーロッパ各地のウォーキングは好きだった。中でもデンマークやノルウェーなど、北欧の風の色に魅せられたわたしは、フィンランドにはなんとか行ってみたいと思っていたが、なかなかそのチャンスに恵まれなかった。

二〇〇二年二月、グレートアロハウォークに参加したとき、ふと、いつまで歩けるか分からない

と感じ、

「今年の夏はぜひフィンランドに行きたい」

と、いつもウォークのお世話をしてくださる近畿日本ツーリストの三苫さんにお願いしたのは、ハワイのホテルだった。

そうして実現したフィンランド・バーサ国際スリーデーマーチの参加者はたった七人だった。歩友としてのお付き合いのいちばん長いゐがほさんとそのお友だちで、何度かごいっしょしたことのある恒子さんと都子さん、今回が初対面の野田さんご夫妻、それに三苫さんを入れても八人というこじんまりとしたものだった。三苫さんとは五、六回ごいっしょし、お世話になっていた。彼はよく気の付く添乗員さんで、いつも二〇キロ、三〇キロをみんなと一緒に歩かれていた。野田さんご夫妻にもすぐ打ち解けて一〇〇パーセント楽しめる旅になるはずだったが……。

成田からミュンヘンで乗り換えてヘルシンキに着いた。一八時間もの空旅だった。

翌朝バスで、四〇〇キロ離れたフィンランド北西部、バルト海に面したバーサ市に向かった。途中、氷河に浸食された湖畔の町タンペレで大聖堂や日本の子どもたちにも人気のあるムーミン博物館などを見学した。

バーサ駅前のアストールホテルに入ったのは一六時。部屋で一服して、町のショッピングモール前広場へ全員で参加登録に行った。日程やウォーキング地図、コントロールカードなどを受け取りホテルに戻った。

三日間のウォークの予定は、第一日目はアーキペラゴ・島ウォーク一五キロ。アーキペラゴというのはフィンランドの沿岸に浮かぶ二〇〇〇〇もの多群島のこと。バーサ沿岸のアーキペラゴ地帯は、ほとんどが手づかずの自然が残っているという。

二日目はバーサ市街の西のヴァスクロットという島を歩く。この島には一本の橋が架かっていて、遊園地やスポーツ施設がある。古くから人が住んでいたらしい。東部分を回って帰る二一キロ。

三日目は街の東へ向かい、森を抜け、現在のバーサ市街ができる前の旧バーサの町を歩いて戻る二一キロのコースだ。

一八時からショッピングモール前広場で行われる開会式に臨んだ後、各国の国旗を先頭に小一時間市内パレードをした。

パレードの後、食事をしてもまだ外は明るかった。

ウォーキング初日。アーキペラゴ・ウォークは初めての経験だ。多少不安もあるが期待もあった。以前このコースを歩いた人の話では、長雨の後で道がどろどろで滑ったこと、蚊や蚋が大量発生していて、顔や首を刺されて困ったことなどを聞いていたので、足は登山靴、頭から被る防虫ネットまで準備していた。

町からバスで三〇分ほど、一四、五人も乗れば満杯になる小さなボートに乗り換えた。向かったのは手の届くほど近くにある島だった。

ゆらゆら揺れるボートから桟橋に降りようとすると、現地のご夫妻が、手を取って降ろしてくださった。

七時三〇分、島の入口でコントロールカードにスタートのパンチをもらって歩き始めた。径はやっと一人が通れるほど。夏草が径を覆い、細い径はいっそう狭まっていたが、すでに歩いた人たちが踏み倒した草を踏んで、一列になって進んだ。所々に木道もあった。聞いていたのとは違って径は乾いていた。日本チームに付いてくれた現地スタッフの金髪女性Fさんは、このところ雨は降っていないのだという。おそらく雨が降れば一帯は湿地になるのだろう。蚊や蚋はいなかった。

それでも、木陰にふっくらと盛り上がるように苔の絨毯が拡がっているのを見ると、雨の多い島だということが窺える。真っ赤な実を付けたコケモモや野生のブルーベリーを摘んで、口を紫に染めながら島の奥へ歩を進めた。

一列で歩くということは、みんな同じ速度で歩くことになる。脚の長い若者が、後ろで足踏みしているような気配を感じて、追われるように小走りになっていた。ふと見ると前を行く夫が登山靴を重そうに運んでいる。何度も山に登った履きなれた靴なのにどうしたというのだろう。少し道幅があるところで脇に寄り、一息入れながら後続の人に道を譲った。

平坦なようでも、島の中ほどへ入ると、多少の起伏があった。ごろごろとした岩の積み重なった高みへの登り降りで夫の脚が萎えたようになり次の脚がなかなか前へ出ない。そのうち五、六歩行っては休み四、五歩歩いては立ち止まっていたが、とうとう岩に座り込んだ。

仲間たちからどんどん遅れた。わたしは夫のザックを預かった。折りたたんで携行している登山用ストックを伸ばして夫に渡した。どんな山道でも邪魔だといってめったに手にすることのなかった夫だったのだが、黙ってストックをたよりに一歩、……一歩歩いた。だが踏ん張りがない。岩から岩への渡りで足を滑らせ転倒してしまった。ほんの数年前、穂高や剣岳に登ったとき、どんな岩場も難所も確実に足で岩を捕らえていた人がどうしたというのだ。わたしは信じがたく、夫の腕を引っ張った。が、膝をついて俯いたまま肩で息をしている。……十数時間もの長旅で疲れたのだろうか。昨夜飲み過ぎたのだろうか。わたしは夫の傍に立ちつくした。

しばらく動かなかった夫が、

「情けないな……」

と呟いて、ストックにすがって立ち上がった。遅れているわたしたちを心配して引き返してくれた三苫さんに抱えられるようにしてゆっくり登っていった。ほんの数メートル行った高みの上で仲間たちは心配顔で待っていてくれた。ゑがほさんは紙コップに水をいれて「大丈夫ですか」と差し出してくれた。

夫は立ったまま「クーッ」と一息に水を飲み干し、すぐ歩きだした。が、だんだん仲間から遅れていった。三苫さんとFさんがわたしたちに付き添ってくれた。もともとウォーカーの少ない島ウォーク、後から来る人はいなくなった。聞こえていた仲間たちの声もしだいに遠ざかり、いつのまにか聞こえなくなってしまった。取り残されたようで心細さがつのった。

Fさんの無線が鳴った。彼女が喋っているのはフィンランド語。おそらく現在地を聞いてきているのだろう。わたしは「済みません」となんども頭を下げた。彼女は「大丈夫、大丈夫」と笑顔ではあるが、その目の奥に困惑の色を隠せないでいるのがわかった。

無線は何度も鳴った。その間隔はだんだん短くなって、急かされている様子が読み取れた。夫は額に汗をにじませ、真一文字に口を結んで必死に歩いてはいるが、歩みは覚束ない。これ以上急げとは言えなかった。

吊り橋が見えだした。手前の島から向こうの島の岩へロープが二本渡され、そのロープの間に半割りの丸太を並べたわずか五メートルほどの吊り橋だった。まず、わたしが渡った。ゆさゆさ揺れる。水深はさほどなさそうだが落ちたら大変。次に三苫さんに手をとられた夫がそろりそろりと渡り終えた。最後はFさん。ほっとした。

ぼつぼつ船乗り場近くまで来ている時間なのに、地図で見ると、まだ半分ほどしか歩いていない。仲間たちに心配を掛けているのではないか。迷惑を掛けているのではないかと気が気ではなかった。

歩いてもあるいても船着き場は見えてこなかった。吊り橋から一キロほどなのに、とてつもなく長く感じた。夫もわたしも黙ってFさんの後についていた。

木々の間に海が見えだした。間もなく小さな船着き場があったが、人影もボートも見えなかった。

Fさんが無線でボートを呼んだ。

迎えにきたボートで次の島に渡って、その後四キロ歩いてゴールだという。船を待っている間、四キロ歩くのは無理だ、もうこれ以上みんなに迷惑は掛けられないと思った。

島影からボートがエンジン音を響かせて近付いた。

「遅くなって済みません」

「…………」

わたしたちだけのためにボートを運航させていただいているのだ。相済まない思いでいっぱいだった。

わたしたちを乗せると、ボートは水を蹴って方向を換え、次の島の波止場へ急いだ。ボートを見付けた仲間のみんなが手を振っている。わたしは両手を思いっきり振り返した。ゐがほさんをはじめみんな揃って待っていてくれたのだ。胸が熱くなった。いい歩友をもったことを嬉しく思った。

島がどんどん迫り、仲間の顔がはっきり見えだした。

「もう、リタイアします」

夫はきっぱりと三苫さんに告げた。三苫さんは、はい、そうしなさいとは言わなかった。それでいいのですかと言いたげに覗き込んで、夫の表情を見ながらゆっくりと黙って頷いたのだった。

「コントロールカードを、ゴールのスタッフに出しなさい」

と言って、Fさんと三苫さんはわたしたちだけをボートに残して降りていった。みんなに何といえばいいのか言葉が見つからず、ただ何度も「ありがとう」を繰り返していた。

ボートは再び向きを変えた。仲間たちは振り返りふりかえり森の中に見えなくなった。ボートは全速力で小さな島々の間を縫いながら、ゴールのある港に向かった。

一四年間、八〇回以上のウォークに参加して、完歩しなかったことは一度もなかった。速くはないが、余裕をもってゴールしていた。どんなに疲れていても制限時間内には歩き終えていた。

それなのに……。わたしの胸は塞いでいた。といってただ辛いというのではない。涙するほど悲しいのでもない。夫に何か声を掛けたいが言葉がみつからない。黙って遠くを見やっている夫の顔には疲れの色が見える。夫が可哀想だ、気の毒だという気持ちもなくはないが、ただそれだけでもない。もやもやとした複雑な思いが胸の内を駆け巡っていた。

やがてボートは波止場に着いた。

はや歩き終えた人たちが何人も防波堤に腰を掛けて休んでいる。彼らがボートで帰ったわたしたちを好奇の目で見ているようで、身を縮めて陸に上がった。一二時を少し回っていた。

わたしたちはFさんに言われた通りコントロールカードをゴールの女性スタッフに出すと、首を横に振った。「フィニッシュのパンチはできません」という意味だ。完歩してないのだから当然だ。でもなぜFさんがあのようなことを言ったのか合点がいかなかった。

ぶらぶら歩いていると、仲間の先を歩いていた野田さんのご主人が建物の中から出てきた。

「あの中で、スープのサービスをしていますよ」

言われた通り倉庫のような古い建物に入った。中は薄暗く何も見えなかったが、目が慣れてくると、たくさんの人が長椅子に腰かけて湯気の上がっているスープを飲んでいた。

わたしたちも列に並んでスープを貰った。が、食欲はなかった。一口、二口啜った。どんな味だったか覚えていない。

再び建物の外に出て海を眺めながら、仲間たちの帰りを待っていた。小一時間ほどたったころか、森に続く道を回って、ゑがほさんを先頭に仲間たちの姿が次々に現れた。みんなの顔がどこか懐かしく、駆け寄って迎えた。

「完歩おめでとう」

みんなといっしょにもう一度建物に入った。スープを飲む仲間の傍で、わたしが自分のランチボックスを開いていると、さっきゴールにいたスタッフの女性二人がわたしたちを見付けて「コントロールカードを出しなさい」と言う。分けの解らないままカードを出すと、夫とわたしのカードにパンチを入れ、にっこり笑って去った。わたしは何がどうなっているのか解らないまま、フィニッシュの欄にパンチの入ったカードをぼんやりと見ていた。

残りの四キロを歩かなかったにもかかわらず、第一日目完歩したことになっているのだ。嬉しくなくはないが、手放しでは喜べなかった。すでにインターナショナルのマスターウォーカー賞、ヨーロピアンウォーカー賞、月桂樹付マスターウォーカー賞など受けているので、フィンランドの完歩証がどうしても欲しいというのではなかった。

バスが迎えにきてバーサのホテルに帰るころには、夫の歩行は普通に見えるようになっていた。夕食はホテルを出て市街地を三〇分ほど歩いた海辺のレストランだった。街中を歩く夫の足取りは平素と変わりなかった。わたしは胸を撫でおろした。だが、旅行中欠かしたことのないアルコールを口にしなかった。

食後、薄暮のバーサ市街を見物しながら歩いてホテルに帰った。二一時を回っていた。

翌日、翌々日、海辺や森の中のウォークを楽しんだ。

朝早くから野菜や果物を山積みにしている露店で苺を買って、仲間と分けて食べながら歩いた。河川敷に延々と並ぶフリーマーケットや小さな郷土博物館に寄って、古いフィンランドの人々の暮らしに思いを馳せた。森の中に点々と配されたたくさんの彫刻は見るものを引きつけ、何かを訴えているようでもあった。口を大きく開け、遠くを見据えている像に、勝手に『叫び』と名付け、その下で口を開け「ああ……」とみんなで声を揃えて叫んだ。森にこだました。

その森の中には一〇〇平方メートルにも満たない小さな小屋のような教会があった。ヨーロッパ各地で見るような石造りの立派なものではなかったが、多くの信者が訪れるのだろう。野の花が手向けられ内も外もきれいに整えられていた。日本の田舎で村人の信仰を集めているお堂のようだった。

その昔、バーサの町の中心だったという地域も歩いた。両側に二重に植えられた立派な並木の広い真っ直ぐな道路のずっと奥、正面に白い石造りの聖堂があった。森の教会とは比べ物にならないくらい立派だった。近くに元修道院と学校だったという赤煉瓦の廃屋が残っていた。これらの立派な建築物から旧バーサ市はかなり大きな町だったのだと、あれこれ想像しながら歩いたりもした。

道端で遊んでいた少女たちに野の草の花束をもらったり、いっしょに写真を撮ったり。庭仕事をしている初老の夫婦に庭で熟したりんごをもらってかじったり、わたしも夫も初日のアーキペラゴのことは忘れてしまうほど楽しいウォークだった。

三日間完歩の証を貰った時、それまで初日のことを心配しながらも、何も口に出さなかった仲間がことのほか喜んでくれた。

フィンランド・バーサ国際スリーデーマーチを終え、四泊したバーサを後に列車で昼前ヘルシンキに戻った。

船で世界遺産のスオメンリンナ島に渡り島を散策した。

ゼットラインで海を渡り、エストニアの首都タリンの市街を歩いて観光、宿泊した。タリン市街地もまた世界遺産になっており、古き良き時代が、ソヴィエトの長い政権下の厳しい時を越えて、静かにしっかりと息づいていた。

またヘルシンキに戻ってマーケット広場、テンペリアウキオ教会、オリンピック記念館、シベリウス公園などの観光をして、フィンランドを後にした。

残暑の厳しい日本に帰ってきて、いつになく疲れを感じたが、これが外国旅行の最後になるとは思ってもいなかった。

涼しくなって、元気を取り戻したわたしたちは、一一月初め埼玉県東松山市で行われる日本スリーデーマーチに、翌年三月には瀬戸内倉敷ツーデーマーチに参加し完歩した。

翌年五月には蒜山ツーデーマーチに行くには行ったが、あいにく雨に降られた。体が蒸すからとレインウェアを好まない夫は、傘をさして歩いた。雨がしだいにひどくなり風も出てきた。傘が支えられなくなり、風に煽られた。まだいくらも歩いていなかった。途中の蒜山郷土博物館に入って雨が小降りになるのを待っていたが、そのうち二〇キロを歩く気力はしぼんでいった。博物館から下の道を引き返した。雨の中をやっとの思いで歩いた。

二日目、天気はいくらか回復したが、わたしたちの気持ちは奮い立たなかった。

「もう、止めよう」

この年の夏は長く酷暑だった。

蒜山から一月余りたった七月初め、夫は昔の同僚と自動車旅行に出た。行先は岐阜方面だった。一泊二日の旅から帰った夫の疲れ方は尋常ではなかった。

十年来、毎日続けていた散歩にも出なくなり、一日の大半を床に就いて過ごすようになった。そのうち身体のあちこちの異常を訴えるようになった。かかりつけ医に何度診てもらっても、紹介された専門医の精密検査を受けても、これといった異常はないと言われた。

秋がきて涼しくなれば快方に向かうのではという期待も裏切られた。

二度の入院検査を経て、医師から病名を知らされたのは翌年の四月のことだった。

線条体黒質変性症という難病だった。

夫の病は、フィンランドのアーキペラゴのウォークのときにすでに発症していたのか。


日本スリーデーマーチのキャッチフレーズにもなっている「楽しみながら歩けば風の色が見えてくる」と朝日新聞元記者の辰濃さんがおっしゃった言葉。

風の色をさがして歩いた一四年間……。美しい自然、奥深い異文化や伝統に触れる旅だった。いっしょに歩いた国内外の歩友、通り過ぎた町や村で出会った人々から教えられたことのなんと多い旅だったろう。

# 思い出の日本スリーデーマーチ

一一月が来れば、あたりまえのように通っていた日本スリーデーマーチに行かなくなって三度目の秋を迎える。

初めて日本スリーデーマーチに参加し、埼玉県東松山市を中心に比企丘陵の自然の中を三日間歩いたのは、一九九二年一一月、第一五回大会だった。

ウォーキング発祥の地オランダのナイメーヘンの歩けオリンピックに習って、一九七八年誕生した日本スリーデーマーチは、日本のウォーキングのメッカと言われている。

開催地が群馬県の新町から埼玉県東松山市に変わったのは第三回大会から。毎年一一月の初めの土、日曜日を含む三日間が開催日と決まっている。

第一回の参加者は一〇〇〇人ほどだったという。その中に父もいた。父は帰ってくると、三日間のウォークの様子を、わたしや弟に熱く語っていたのだった。が、当時のわたしは「ただ歩くだけで、なにがそんなに楽しいの。なにも遠くへ行って歩かなくてもいいのに」と、冷めていた。五〇キロ、それを三日間連続で歩くのがどんなに大変なことなのか、まるっきり分かっていなかった。父は憑かれたように歩き、仲間と方々に出掛け、一九八三年、岡山の歩け歩け協会を立ち上げ、一九八七年には、第一回瀬戸内ツーデーマーチ（現瀬戸内倉敷ツーデーマーチ）を開催している。

そのころ、わたしは五〇代になって山登りを再開した夫について山を歩くようになっていた。夏季休暇に、大学生になった二人の娘たちに留守を託しての山行だった。初めはしんどいばかりの山登りを好きになれなかったわたしも、西穂高岳や雲の平、黒部五郎岳、槍ヶ岳などに登るうちに、高山植物の愛らしさや山の雄大さに魅かれ、夏が待たれるようになっていた。

そんな矢先、夫が大病にみまわれ片肺の三分の一を失った。一五〇〇メートル以上へ登ってはならないとドクターストップがかかった。ならばと、低山や山麓を歩いた。

幸い、再発も転移もなく無事に定年退職の日を迎えた。時間のできた夫は、毎日二、三時間の散歩を日課とした。時に気が向けば近くの操山（一三八メートル）や竜の口山（二五七メートル）に登った。

そんなとき出会ったのが第三回瀬戸内ツーデーマーチだった。日々の散歩の延長のような気持ちで臨んだ。

二人の娘たちも結婚し、それぞれ家庭をもった。姑が他界した。わたしたちは夫婦二人になった。

夫といっしょに旅ができるようになった。歩くという目的のある旅もわるくはなかった。南房房総、沖縄、北海道のウォーキングをかねた旅の中で、少しずつその楽しさが分かるようになった。だが、ほんとうにわたしたちを夢中にさせたのは、ベルギーとスイスの海外のウォーキングからだった。

それから半年後、日本スリーデーマーチに初参加した。

参加申し込み、宿泊予約、切符の手配などすべて夫任せだった。

開催日前日の一九九二年一〇月三一日の朝、岡山を発ち、新幹線、山手線、東武東上線を乗り継いで東松山駅へ一六時に着いた。

駅舎も駅前商店街もウォーカーが溢れ、中央会場への一キロほどの商店街通りには、万国旗がはためいて、まるで町中がウォーキング祭りの前夜祭といった雰囲気だった。

中央会場になっている松山第一小学校の広い校庭の回りに、本部、歩け歩け協会、報道関係などのテントが立ち並んでいる。売店もあった。

受付のテントの前の列に並んだ。申込はがきと引き換えに大会誌、ゼッケン、コース地図、チェックカードなどのウォーキング七つ道具の入った袋を受け取った。

受付を済ませて、駅前に予約しているホテルに、また同じ商店街通りを戻った。途中、岡山の仲間といっしょの父に会った。父は別に宿をとっていた。

初参加の日本スリーデーマーチ三日間は快晴に恵まれた。

第一日目、スタートは八時三〇分から九時までだという。八時前に中央会場に着くと、もうすでに大勢の人が並んでスタートを待っていた。わたしたちも列の最後尾についた。

後から後から人は増え、あっという間に次の列もまたその次の列もできた。その中にスイスのウォークでいっしょだった名賀石さん夫妻や竹内さんの顔が見えて懐かしい。「やぁ」とお互いに手をあげて挨拶をする。このころはまだ顔見知りは少なかった。

出発式が行われるころになると、準備体操をするスペースもないほど校庭は人でいっぱいになった。人に当たらないように手を伸ばし脚の屈伸をし、思う存分とはいかない準備体操を済ませた。

八時三〇分、いよいよスタートが始まった。かなり前の方に並んでいると思われたわたしたちでさえ、チェックカードにスタート印を押してもらうまでに数分かかった。校門から出たら出たで歩道は芋の子を洗うような混雑。夫と逸れないようにするのが精一杯だった。交差点を渡り、小公園を抜けるころには集団は少しずつばらけてはきたが、信号で止まったり、歩道橋にかかると、また混雑するのだった。

市街地を抜け、松山城址を見ながら市野川に架かる橋を渡り、さくら土手を歩くころになると、窮屈さを感じなくなった。前方、土手のずっと遠くを行く人がいる。振り返るとまだまだ橋の上はひきもきらない状態でウォーカーが続いている。この日のために夏草を刈り、整備された緑の土手の上を色とりどりの人の帯が切れ目なく続く。コンクリート道と違い、柔らかな土の感触が足の裏になんとも心地いい。土手の斜面に落ちたウォーカーの影もまたウォーキングをしている。

ブルブルブルブル……ヘリコプターだ。高度を下げて近づいてきた。足音がかき消される。機内でカメラを構えている男性が見てとれる。新聞社が報道写真を撮っているらしい。ヘリコプターに向かって両手を振った。空はどこまでも青く広かった。

この時の写真が、翌日の朝日新聞に大きく載った。

稲刈りの済んだ田圃、稲架《はざ》に架けられた稲、農家の庭には菊の花が乱れ咲き、柿の実が赤く色づいている。忘れかけていた日本の風景を、外国のウォーカーが一生懸命に写していた。

三〇キロコースとの合流点が近付いた。我々より一時間早くにスタートしている三〇キロコースの人たちの姿は、まだ見えない。

広い道路を横切って、武蔵丘陵への径を緩やかに登っていく。朱く熟れたカラスウリが雑木林に彩りを添えている。

再び広い道路に出ると、森林公園も近い。歩道を歩くわたしたちとすれ違うように練習中のマラソンランナーが駈けていく。風のように走り抜ける若者の目に、われわれウォーカーはどう映っているのだろう。

森林公園中央口から入場。入場料は不要とのこと。

入口付近の広場には花壇やコンテナに黄、紫、白、橙などのパンジーが植えられている。その周りで休憩している人々もいるが、わたしたちはもう少し頑張ることにする。

ここから坂道になった。芝の斜面に薄紫のサフランが咲いている。丘の上までさして距離はなかった。それなのに、登りに弱い夫は休憩しようという。見れば売店もある。缶ジュースと缶ビールを買って、ベンチで休む。目の前を次から次へとウォーカーが通り過ぎていく。話しながら笑いながら歩く人、この日のために工夫を凝らしたコスチュームを着込んで歩く人、独りでもくもくとただひたすら前へまえへ進む人……。気がつくと三〇キロのゼッケンを付けた人が歩いている。速い。見向きもしないで通り過ぎていく。

「なにも急がなくてもいいのに」

「いやいや、こんな所でビールなんぞ飲む馬鹿もいるもんだと見られているかもしれないぞ」

まあ、十人十色、百人百色、千人には千の歩き方があるのだからいいとしよう。

二〇分ほど休んだろうか。水分補給も済んだ。飴を口に入れてカロリー補給もできた。

たくさんの樹が空を覆うほどの丘の上の遊歩道をいくと、足音がポクポクとこだまする。所々、日当たりのいい灌木の葉が数枚もう黄や紅に染まり始めている。緩やかに降っていくと「古鎌倉道」と記された標識が立っている。その昔、鎌倉に通じていた道であろう。しかしその旧道には草が生い茂って今は歩く人もいないらしい。

遠くから聞こえていたざわめきが次第に大きくなった。丘を一気に降りると南口日本庭園で菊花展が行われ、見学にきた家族連れやカップルにウォーカーも交じってごった返していた。その間を縫うように、南口を出た。

ウォーカーの数が急に増えたように思う。それもそのはず、地図によると、森林公園の中で五〇キロコースと、南口で一〇キロコースと合流することになっている。それに、三〇キロコースの人たちも追いついてきていて、ここからは参加者全員が歩くことになっている。

五〇キロコースの人と一〇キロコースの人では、まるっきり歩き方が違う。スピードはもちろん、足の運び、腕の振り、顔つきまで一見しただけで、何キロコースの人か分かってしまう。

二〇コースのわたしたちは、混雑している道で、後から追い越そうとする人の邪魔にならないように、それでいて自分のペースをなるべく崩さないように歩くのは難しい。

真っ直ぐ南へ、森林公園駅へ伸びる二キロ半ほどの遊歩道は、車が来ることもなく交差点もなく、これで人がもう少し少なかったらどんなにかいいのになあと思う。

ゴールは一二時四五分。ナップザックに入れたまま持ち歩いたお弁当を中央会場へ戻って食べた。

午後、松山第一小学校隣の東松山総合会館で行われた井上ひさし氏の記念講演『四千万歩の男』を聴きにいった。日本国中を歩いて日本地図を初めて作った伊能忠敬の話だった。

二日目、朝起きると寒い。この秋いちばんの冷え込みとのこと。部屋の窓から頭に白い雪を被った富士山が遠くに望めた。

八時三〇分スタート。武蔵嵐山ルートだ。

このルートにはたくさんの見所があった。中でも丸木美術館はぜひ観たいと思っていた所だった。都幾河畔に建つ丸木美術館は、開館二五周年だという。六〇〇円だったか五〇〇円だったか、入口で入館料を払って仄暗い館内に踏み入った。しんとして音はない。重苦しい空気が満ちているようで、わたしの足は止まった。暗さに慣れてくると、二人、三人、また二人と絵に見入る人影が見えてきた。見学者は少ない。立ち止まり、またゆっくり進む。

壁いっぱいに架かる『原爆の図』の連作や『南京大虐殺の図』。倒れ、伏せ、重なり合い、ひざまずき……衣を引き千切られ髪を乱した数十体の群れ。その肉体から苦悩の叫びが聞こえてくるようで、わたしは怯えた。足がすくんだ。

夫に促され、その腕につかまってゆっくり館内を回った。

『沖縄』『アウシュビッツ』など。丸腰の人の命を圧し殺すもの、親と子を引き裂くもの、愛しい人を奪うもの、つい数十年前に現実にあった忌まわしい出来事が、これでもかこれでもかと目の前に突きつけられる。不条理な殺し合いに見舞われた死者たちが、今も冥界でうめいているようで、息苦しくなる。もういい、もう見たくないというわたしと、しっかり観て帰らねばというわたしがいるのに戸惑いながら、夫の歩みに任せて一巡した。言葉もなく、いつしかわたしは合掌していた。

外は眩しかった。疲れがどっと出た。すぐには歩く気にもなれず、美術館前の売店で甘酒を注文した。温い甘酒が胸の真ん中をゆっくり落ちていった。

その傍を、ひきもきらずウォーカーが過ぎていく。明るい笑い声の親子、にこやかな年配グループ、ザックに自国の国旗と日の丸の旗を立てて、長い脚ですたすたと歩くオランダやスイスのウォーカー……。外は別世界だった。

ゴールをしてから中央会場で、ベルギーとスイスをいっしょに歩いた仲間が、同窓会をするからと誘われた。

校庭にシートを敷いて車座になったのは二〇人ほどだった。四月の終わりから五月初めにかけての二週間、わたしたちにとって初めての海外ウォークでお世話になった懐かしい仲間二九人のうちの二〇人と再会できたのはとても嬉しかった。地元東松山で市会議員をしているという横川さんがシートを借りたり、売店からビールやジュースなどの飲み物、東松山名物のやきとり、焼きそばやおでんなどを次々に運んで、和やかな同窓会の手筈を整えてくれた。

ベルギーやスイスの思い出話、その後のウォークのこと、これからのウォークのことなど話は尽きない。この半年の間に初孫のできた斉藤さん、柳生さん、小坂の三人の新米じいじは、アルコールの力も借りて、じいじ馬鹿振りに花を咲かせたいた。

「来年はデンマークとアイルランドにいきませんか」

ゑがほさんに誘われてすぐその気になった夫とわたしは、次の年の六月末から七月の頭にかけてデンマークとアイルランドにいくことになった。

このような調子で、お互い誘ったり誘われたりして、外国ばかりでなく国内の大会の情報も入れてくれた。新しい仲間を紹介してくれて、仲間も増えた。どこで会っても必ず声を掛けてくれて、人の輪も世界も広がっていった。

ゐがほさんとはこの後、オーストリア、チェコ、ドイツ、ノルウェー、アメリカ、カナダ、オーストラリア、フィンランド、ニュージーランドなど歩いたし、国内のあちこちの大会で何度も顔を合わせた。

一九九五年と一九九六年の二回に分けて行われた石狩川の河口から源流まで遡る二五〇キロウォークもゐがほさんと同じ班で、寝食を共にしながら第一次四日間、第二次五日間を歩き通した。このウォークは、スイスでごいっしょした斉藤さん（当時北海道歩け歩け協会会長）が誘ってくださって実現したのだった。柳生さんも同班で、わたしたち二人はそれらベテランの方々に随分助けてもらったことが忘れられない。

さて、ベルギー・スイス同窓会の後、一八時半から、辰濃和男氏の講演を聴きにいった。日本スリーデーマーチのキャッチフレーズ「楽しみながら歩けば風の色が見えてくる」の生みの親である。朝日新聞社を退職なさった辰濃氏が自然の中にとっぷり入り込んで暮らしながら執筆活動をしていらっしゃるお話をとても羨ましく拝聴した。

三日目は千年谷公園コース。できるだけ早くスタートして、少しでも早くゴールして、岡山へ帰らねばならない。

この日のコースにはいくつもの登りが待っていた。特に岩殿観音寺正面の真っ直ぐな参道は、最後に急な石段になっていた。はっはっ、ふう、はっはっ、ふう、何度も休んだ。

古く重厚な本堂はお参りしがいがあった。

お寺の脇を回りながらもう少し登った。裏山は切り取られて道路が造られていた。横断した向こう側に小さな蕎麦屋があった。店先で手作りのおだんごを売っていた。お腹もすいていないのでそのまま通り過ごした。が、心残りだった。

次の年はこの峠の蕎麦屋で蕎麦を注文し、お団子も食べた。一〇人ほどが座れる大きなテーブルを囲んで、ウォーカーが入れ替わり立ち替わり食事をしていた。

それからは毎年立ち寄った。お気に入りは山菜蕎麦だった。

蕎麦屋の前からすぐに物見山公園への登りが続く。細いけれど整えられた登り道は歩きいい。途中には冬桜が、うすもも色の花をつけていた。

頂上の平和資料館で入館を勧められたが、早くゴールしたいので今回はパスした。何年か後、このコースが二日目になったとき、見学させてもらい、展望台にも登ったら富士山がよく見えた。

物見山公園からは広い舗装道路を降る。後ろから誰かが呼んでいる。振り返るとベルギー・スイスのときの江橋団長だ。長い脚の彼はみるみる迫ってきた。

「ポーター付きでいいですね」

この日はお弁当は持たず、雨具も折りたたみ傘だけなので、ザックは二人で一つでよかった。初めはわたしが背負っていたが、物見山の降りから夫の背中に任せたばかりだった。という江橋さんの背中にもザックはなかった。

千年谷公園までいっしょに歩いた。彼は本当に速い。降りなのに息が上がった。夫は途中で諦めて遅れた。千年谷公園入口で、夫を待つからと別れた。夫は一〇分近く遅れて現れた。

千年谷公園広場で豚汁のサービスが行われていた。わたしたちは二人で一杯いただいた。温かくおいしかった。

午後はパレードが行われるそうだが帰りを急いでいるわたしたちは列に加わらないでゴールした。

この日の二〇キロコースは二一キロあったそうだ。

東松山駅発一四時四五分発の池袋行に乗った。ウォーカーで満員だった。地元の人だろう、途中の駅で降りる人も大勢いた。

この年の参加者は一二か国からの三〇三人を含め、延べ八万一三人だったという。

次の年から三年間はオランダのウォークに備えて三〇キロを歩いた。その次の年も三〇キロ歩くつもりで出掛けたが、朝からどしゃ降りで、二時間余計に雨に濡れるのがいやで二〇キロにした。

一度距離を落としたら、もう三〇キロには戻れなかった。

三〇キロコースには魅力があった。武蔵嵐山の三〇キロコースは和紙の里を通る。昔のままの手法で和紙を漉いている様子をそばで見学することができる。溜め漉きである。溶かした楮の繊維を汲む男の目が簀の上を真剣に見つめている。ザンブリと簀が音を立てる。右に左に数回揺らすたびに、槽は軽やかに歌ったり呻いたりする。漉き終わったと見て取った漉き手は、余分な水を槽に返す。紙漉きが奏でる紙が生まれる響きに聞き入っているうちに、簀に均一に重ねられた繊維は、先に漉かれたまだ水分を含んだままの紙の上に寸分の狂いもなく裏返しに置かれる。お見事というしかない。いつまでも見ていたい。が、夫は興味がないらしい。「行こう、行こう」と急かすのだった。

また森林公園のルートには、東平梨組合による梨の接待がある。皮を剥いで、爪楊枝にさされた一切れを口に入れると甘い果汁が口いっぱいに溢れる。「よかったらもっとどうぞ」と勧めてくれるので、二切れも三切れもいただいたこともあった。

この村の人の温かい心と一言二言交わす言葉が何とも楽しく、歩く途中のオアシスだった。この梨が食べたくて三〇キロを歩くんだと冗談を言っている人もいた。

日本の地方都市がそうであるように、東松山とその周辺も、通い始めて一〇年あまりの間に随分変わった。

なかでも桑畑がなくなってしまった。そしてあの独特の養蚕農家の二階建てがなくなった。わたしが東松山に初めてきたころには、日当たりのいい畑の奥に、一階部分に比べ、上部が異様に高い二階建てが並んでいたものだった。年ごとに一棟減り、二棟なくなって、ほとんど見られなくなった。その跡には今風のプレハブのしゃれた家が建った。北関東の生糸や絹織物の産地を支えた日本の風景が消えていくのは寂しく、残念でもあるが、これも仕方のないことだろう。

最後なってしまったが、初めの二年を除いて、その後の九年間お世話になった「上沼旅館」のことを書かないわけにはいかない。

初めは、駅前のビジネスホテルだった。シングルの部屋は不便だった。次は遠方で、送迎バスを利用しなければならないところのホテルで、随分時間のロスを感じた。

もう少し便利なところに泊まりたいと思っていたとき、台湾のウォークに同行していた「上沼旅館」のご主人が「うちでよろしければどうぞ」と、御親切にいってくださった。渡りに舟、その場でお願いしたのだった。

中央会場へ歩いて五分という便利のよさにもまして、家庭的な雰囲気と毎日いただいても飽きない食事は嬉しかった。ウォーカーであるご主人も女将さんも温かいお人柄の上に、わたしたちウォーカーの痒いところに手の届く細やかなサービスを惜しまずしてくださったのだった。歩いて帰れば何時でもお風呂が沸いていた。

ほとんどが常連で、馴染になった。そんななかに新顔があっても、みんな歩く仲間ということでわけへだてなく、三泊四日を過ごすことができた。外国をいっしょに歩いた春美さんも黒沢さんも常連さんだった。

東松山市がどこにあるのかも知らなかったその地へ、一一年も通った。いつのころからか故郷へ帰るような懐かしさを覚えるようになっていた。

一九九八年からは九〇歳で亡くなった父の遺影を懐に、ずっと東松山に帰っていたのだったが……。一昨年の夏、夫が体調を崩した。一年経てばまた行けるだろうと高を括っていたが、新たに難病を得た夫は次第に歩行が困難になった。ウォーキングどころか日常の歩行さえ不自由になっていった。

今年二〇〇五年は二八回大会。もう東松山に行くことはないだろう。

友にも宿にも恵まれた一一年間の日本スリーデーマーチだった。

夫は二〇一〇年二月に他界した。

その年の一一月、わたしは一人で東松山スリーデーマーチに参加し、上沼旅館の皆さん、お会いできた歩友のみなさんに、夫がお世話になり楽しい晩年を過ごして逝ったお礼を言いながら一〇キロを歩いた。春美さんがいっしょに歩いてくださった。これでもう東松山に行くことはないだろう。

そしてその翌年春、春美さんと聖子さんが瀬戸内倉敷ツーデーマーチに参加するため岡山に来られ、夫の仏壇にお参りしてくださった。

その日、三月一一日の午後、東日本大震災が起こった。

# 資料

## 山行の記録

一九八二年　八月　**旭岳　黒岳**
一九八三年　八月　八甲田
　　　　　　一〇月　大山
一九八四年　七月～八月　**西穂高岳　長塀山　蝶ヶ岳**
　　　　　　一〇月　大山
一九八五年　六月　三瓶山
　　　　　　七月　大山
　　　　　　七月～八月　**常念岳　大天井岳　槍ヶ岳　天狗池**
　　　　　　八月　剣山
　　　　　　一〇月　大山
一九八六年　八月　**太郎兵衛平　雲の平　高天原　三俣蓮華岳**
一九八七年　八月　寂静山　大休峠　蒜山
　　　　　　一〇月　大山
一九八八年　六月　和気富士　神ノ上山
　　　　　　六月　三瓶山
　　　　　　七月　大山
　　　　　　八月　**白馬岳**　旭岳　清水岳　白馬大池
　　　　　　一〇月　大山

一九八九年

一一月　星山

一月　鬼ノ城

二月　松山城

四月　三仏寺投入堂

五月　黒岩高原　布滝

六月　那岐山

六月　船木山　駒の尾山

七月　**立山　剣岳　室堂山**

八月　大山

九月　若杉原生林

一〇月　泉山

一〇月　上蒜山　中蒜山

一一月　星山

一九九〇年

七月　**鏡平　双六岳　三俣蓮華岳　黒部五郎岳　北ノ俣岳**

一〇月　大山滝　三鈷峰

一一月　松山城

一九九一年

二月　筑波山

六月　若杉原生林

六月　有珠山

七月　ニセコアンヌプリ

八月　マッターホルン中腹トレッキング（シュバルツゼー　ツムット）
（ゴルナーグラード　リュッフェルゼー　リュッフェルベルグ　リュッフェルアルプ）
（スネガ　ブラウヘルト　ウンターロートホルン　ライゼー　グリンジーゼー　リュッフェルアルプ）
（フーリ　トロッケエナーシュテイク）
（スネガ　ブラウヘルト　ステリゼー　リュッフェルアルプ　フィンデルン　ヴィンケルマッテン）
アイガー　ユングフラウの中腹トレッキング（ヴィルダースヴィル　シーニゲプラッテ）
（クライネシャイデック　ユングフラウヨッホ　アルピグレン　グルント）
（メンリッヘン）
（トゥリュンベルバッハ　シテッチェルベルグ　ギンメルバルト　ミュッレン　ビルク　シルトホルン）
一〇月　**涸沢　穂高岳（白出乗越）**
一〇月　大山
一九九二年　五月　マッターホルン山麓トレッキング（ゴルナーグラード　フィンデルバッハ）
（トロッケナーシュテイク　クラインマッターホルン　フーリ　ツムット）
一〇月　鬼ノ城
一〇月　大山　大山滝
一九九三年　四月　二上山
一九九四年　一〇月　大山

一九九五年　五月　布滝
一九九六年　五月　アイガー　ユングフラウの中腹トレッキング
（アイガーグレッチャー　ユングフラウヨッホ　グルント　グレッチャーシュラスト）
（アルピグレンからグリンデルヴァルト）
六月　黒岳
一九九七年　四月　鬼ノ城
四月　布滝
五月　若杉原生林
六月　道後山
六月　櫃ヶ山
七月　**木曽駒ヶ岳**
九月　マッターホルン中腹トレッキング（エシネン湖からウンターベルグリ　シルトホルン）
一〇月　尾瀬
一九九八年　五月　布滝
五月　比叡山
七月　**五色ヶ原**
九月　サンモリッツ（ウンテラーシャルフベルグ　ディアボレッア）
一一月　葛城山
一一月　布滝
一九九九年　六月　船木山　後山

九月　湯殿山　羽黒山
一〇月　吉野山
一一月　鬼ノ城
二〇〇〇年　七月　**利尻山（八合目長官山）　礼文岳**
一〇月　天の香久山　畝傍山
二〇〇一年　四月　**二上山**
五月　山寺
二〇〇二年　二月　ハワイ・ダイヤモンドヘッド
二〇〇四年　一〇月　蒜山

## ウォーキングの記録

一九九〇年　三月二四日〜二五日　瀬戸内ツーデーマーチ
　五月二六日〜二七日　九十九里ツーデーマーチ
　九月十四日〜一六日　飯田やまびこツーデーマーチ

一九九一年　二月二三日〜二四日　南房総フラワーマーチ
　三月二三日〜二四日　瀬戸内ツーデーマーチ
　六月二九日〜三〇日　北海道ツーデーマーチ
　一二月六日〜八日　サントピア沖縄ツーデーマーチ

一九九二年　三月一四日〜一五日　瀬戸内ツーデーマーチ
　五月二日〜三日　**ベルギー国際ツーデーマーチ（ブランケンベルグ）**
　五月九日〜一〇日　**スイスツーデーマーチ（ベルン）**
　九月二五日〜二七日　オホーツクスリーデーマーチ
　一一月一日〜三日　**日本スリーデーマーチ（東松山市）**

一九九三年　三月一三日〜一四日　瀬戸内倉敷ツーデーマーチ
　五月一五日〜一六日　ツーデーマーチ　イン　山梨
　六月二六日〜二七日　**デンマークハーベスマーチ（ビボー）**
　七月一日〜四日　**アイルランド国際フォーデーマーチ（キャッスルバー）**
　八月一三日〜一五日　オーストリア国際ウィーンの森スリーデーワンデリング（メドリング）
　一〇月九日〜一三日　熊野詣六五〇キロ　第一回

一九九四年
一一月五日〜七日　日本スリーデーマーチ
一一月一三日〜一四日　加古川ツーデーマーチ
一一月二〇日〜二四日　熊野詣六五〇キロ　第二回

一九九五年
三月一二日〜一三日　瀬戸内倉敷ツーデーマーチ
四月九日〜一〇日　びわ湖長浜ツーデーマーチ
四月二三日〜二四日　飯田やまびこツーデーマーチ
四月三〇日〜五月五日　熊野詣六五〇キロ　第三回
五月二一日〜二三日　**ドイツ・マリンベルク大自然ウォーク（マリンベルク）**
五月二八日〜二九日　ルクセンブルグアーミーマーチ（ディキルヒー）
七月一九日〜二二日　**歩けオリンピック（オランダ　ナイメーヘン）**
一〇月三〇日〜三一日　台湾ツーデーマーチ（台北）
一一月四日〜六日　日本スリーデーマーチ

一九九六年
六月二四日〜二五日　北海道ツーデーマーチ（洞爺湖）
六月二九日〜七月二日　石狩川二五〇キロウォーク　第一次（石狩川河口）
八月二六日〜二七日　ノルウェーサガマーチ（ベルダン）
九月九日〜一〇日　奥の細道　鳥海ツーデーマーチ
一一月三日〜五日　日本スリーデーマーチ
一一月一一日〜一二日　加古川ツーデーマーチ
三月九日〜一〇日　瀬戸内倉敷ツーデーマーチ
五月四日〜五日　ベルギーツーデーマーチ（ブランケンベルグ）

一九九七年
五月一一日〜一二日　スイスツーデーマーチ（ベルン）
五月一八日〜一九日　イギリスワンデルウォーク（ウェリンボロー）
六月一四日〜一八日　石狩川二五〇キロウォーク　第二次（滝川〜層雲峡）
六月二二日〜二三日　でっかいどうオホーツクマーチ
七月一三日〜一四日　富士河口湖ラベンダーマーチ
一一月二日〜四日　日本スリーデーマーチ
一一月九日〜一〇日　加古川ツーデーマーチ

一九九八年
三月八日〜九日　ニュージーランド・ロトルア　ツーデーマーチ（ロトルア）
五月一七日〜一八日　若狭三方五湖ツーデーマーチ
一〇月四日〜五日　高崎観音だるまマーチ
一一月一日〜三日　日本スリーデーマーチ
一一月八日〜九日　加古川ツーデーマーチ

一九九九年
三月一四日〜一五日　瀬戸内倉敷ツーデーマーチ
五月一六日〜一七日　若狭三方五湖ツーデーマーチ
五月二四日　良寛さんウォーク　イン　比叡山
九月二六日〜二七日　チェコ・ブルノ　ツーデーマーチ（ブルノ）
一〇月三日〜四日　ドイツ・フルダ　ツーデーマーチ（フルダ）
一一月一日〜三日　日本スリーデーマーチ
一月二三日〜二四日　いぶすき菜の花マーチ
三月一三日〜一四日　瀬戸内倉敷ツーデーマーチ

二〇〇〇年

四月一〇日〜一一日　カナダツーデーマーチ（ヴィクトリア）

四月一七日〜一八日　**アメリカツーデーマーチ（バンクーバー）**

五月三日〜五日　東京国際スリーデーマーチ

九月四日〜五日　奥の細道・鳥海ツーデーマーチ

一一月五日〜七日　日本スリーデーマーチ

二〇〇一年

二月一一日〜一三日　伊能ウォーク（岡山大会）

三月一一日〜一二日　瀬戸内倉敷ツーデーマーチ

四月一日〜二日　オーストラリア・キャンベラツーデーメダルウォーク（キャンベラ）

一〇月二一日〜二二日　富士河口湖もみじマーチ

一一月三日〜五日　日本スリーデーマーチ

二〇〇二年

三月一〇日〜一一日　瀬戸内倉敷ツーデーマーチ

五月二六日〜二七日　日本三景松島ツーデーマーチ

九月二一日〜二三日　オーストリア・チロル　スリーデーワンデリング（ゼーフェルト）

九月二九日〜三〇日　チェコ・ブルノ　ツーデーマーチ

一一月二日〜四日　日本スリーデーマーチ

二月一八日　グレートアロハウォーク（ホノルル）

三月九日〜一〇日　瀬戸内倉敷ツーデーマーチ

四月二〇日〜二一日　久留米つつじマーチ

五月二五日〜二六日　蒜山ツーデーマーチ

八月九日〜一一日　**フィンランド・バーサ国際スリーデーマーチ（バーサ）**

二〇〇三年　一一月二日～四日　日本スリーデーマーチ
二〇〇三年　三月八日～九日　瀬戸内倉敷ツーデーマーチ
　　　　　　五月二四日～二五日　蒜山ツーデーマーチ
二〇一〇年　一一月五日～七日　日本スリーデーマーチ
二〇一一年　三月一一日～一二日　瀬戸内倉敷ツーデーマーチ

# あとがき

夫に誘われ、山登りを始めたのは四六歳のときでした。

山行の計画、山小屋や宿泊所の予約、航空機、列車やバスの切符の手配などは夫の役目、その間に、わたしは病後の姑《はは》を二人の娘に託す準備をしました。所持品や衣類は夫と相談しながら整えました。

山から帰るとカメラ屋に写したフィルムの現像を持っていき、出来上がった写真にコメントを付けてアルバムに整理するのは夫でした。

高齢のわたしたちの登山は、ただ頂上を極めるだけが目的ではありませんでした。が、苦しい登りに耐えて頂上に辿り着いた達成感、山頂からの眺望はいつのまにかわたしを山の虜にしていました。高山植物にも魅せられ、次に登る山が気にかかるようになった一九八七年春、夫は職場の集団検診で肺の悪性腫瘍が見つかり、入院手術をうけました。もう山に登ることはないだろう諦めていました。が、夫はもう一度登りたいと、近所の散歩、低山の散策、ウォーキング大会に参加するなどして体力をつけて、一年余り経った一九八八年、白馬岳に登ることができました。

写真だけでなく山行の記録文も残したいと言い出したのは夫でした。

別に誰がどう謀ったのでもなかったのですが、ちょうどそのころ友人に誘われて岡山市の文化課主催の文章講座を受けることになりました。

指導講師は井久保伊登子先生でした。文章を書くことが苦手だったわたしはなんとか一年間受講しました。が、「このままで終わりたくないね」という仲間の誘いを断ることもできず『たまき』という文集の同人に名を連ねました。

一九八九年『たまき』一号に県北の森林公園へ行ったときのことを書きました。それからいつのまにか、山行もウォーキングや旅の記録もわたしが書く羽目になってしまいました。

翌年『女人随筆』の同人にしていただき、引き続いて井久保先生のご指導を受けながら三〇年間、山行やウォーキングのことばかりではなく、身辺のことなども書いてまいりました。先生は時に厳しく時に優しく丁寧に指導をしてくださいました。

年二回の『たまき』、三回の『女人随筆』の原稿提出前に必ず目を通して、不適切な内容や表現、間違いなどを指摘してくれたのは夫でした。彼はいつも第一番目の読者でした。

自分ではまだまだその域に達していないのに、「ぼつぼつ一冊に纏めたら」と先生に言っていただいたのは一〇年ほど前だったでしょうか。夫も「井久保先生がおっしゃるのならそうしたら」と言ってくれましたが、未熟な文章を人前に出す勇気はありませんでした。

夫は二〇一〇年二月二八日逝ってしまいました。一冊の本になるのを待っていたのかもしれません。

わたしも今年は七〇代最後の年です。「またいつか」「そのうち」などと悠長に構える齢ではなくなりました。この辺りで、亡夫に「お待ちどうさま、やっとできましたよ」と、恥を承知で上梓することにした。終活のひとつだとも思っています。

『女人随筆』の中から、山登りとウォーキングの何編かを選んで、加筆修正しました。

それに、文中にある高低図（手元に残っているものだけ）を巻末に綴じ込みました。わたしたちが山登りに持って行った二人だけのもので、その時々に改良を加えながら夫が書いたので、全てが同形式ではありません。本来ならお見せするものではないのかもしれません。が、何らかの形で残しておいたらと言って下さる方がいて、このような形にすることにしました。

最後に、そんな私事にお付き合いくださいました井久保伊登子先生、三門印刷所の三村義人社長をはじめ三門印刷所の皆様、女人随筆の同人、平素から拙い文章を読んでくださる方々に、心より感謝しお礼申し上げます。

二〇一五年若葉のころに

小坂　妙子

**■ 著者略歴 ■**

**小坂妙子**（こさか・たえこ）

1936年 1 月28日岡山市北区津島に生まれる
1956年岡山大学教育学部 2 年終了
1956年岡山県立天城高等学校を振り出しに
　　倉敷市、岡山市公立学校に勤務
1977年 3 月教職を離れる
1982年頃から夫と共に登山を始める
1988年岡山市文化課文章講座を受講
1990年『女人随筆』同人となる
1990年ウォーキングを始める

**ゆっくり山歩き**

2015年 5 月20日発行

著　者　小坂妙子
〒703-8256 岡山市中区浜 3 丁目10-40-505
TEL (086)-272-4349

発行所　女人随筆社
〒703-8256 岡山市中区浜 3 丁目8-11
TEL (086)272-1813

発　売　吉備人出版
〒700-0823 岡山市北区丸の内 2 丁目11-22
電話 086-235-3456　ファクス 086-234-3210
ウェブサイトhttp://www.kibito.co.jp
Eメール mail:books@kibito.co.jp

印刷所　株式会社 三門印刷所
岡山市中区高屋116-7

製本所　日宝綜合製本株式会社


ISBN978-4-86069-436-4　C0095